DOKUMENTI
THEMELTAR NAZARETAS
KUSH JEMI - ÇFARË BESOJMË

Mbështetur nga Këshilli i Mbikqyrësve të Përgjithshëm
Kisha e Nazaretasit
© Të drejtat e autorit 2015. Të gjitha të drejtat të rezervuara Kisha e Nazaretasit, Inc.

PËRMBAJTJA

Mirësevini në Dokumentin Themeltar Nazaretas

Trashëgimia e Shenjtërisë – Uesliane

Kisha Globale

Vlerat Thelbësore

Misioni

Karakteristikat Nazaretase

Teologjia Uesliane

Nenet e Besimit

Ekleziologjia

Politikat

Kisha: Lokale, Distriktuale dhe e Përgjithshme

Një Kishë e Bashkuar

KISHA E PERËNDISË, NË FORMËN E SAJ MË TË LARTË NË TOKË DHE NË QIELL, KA GRUMBULLIMET E SAJ, MËSIMET E SAJ DHE ADHURIMIN E BASHKUAR, POR KJO ËSHTË E GJITHA PËR TË NDIHMUAR CILINDO PËR TË QËNË NË NGJASHMËRI ME BIRIN E TIJ.

—PHINEAS F. BRESEE (FINIAS F. BREZI)
MBIKQYRËSI I PARË I PËRGJITHSHËM,
KISHA E NAZARETASIT

MIRËSEVINI NË
DOKUMENTIN THEMELTAR NAZARETAS

Një brez i ri i nazaretasve ka kërkuar që themelet e mësimeve, historisë, teologjisë, misionit, financave si dhe të natyrës thelbësore të kishës, të publikohen në një dokument të shkurtër, të qartë, të lehtë për t'u arrirë nga të gjithë—në një gjuhë të thjeshtë.

Dokumenti Themeltar Nazaretas është një koleksion me artikuj të shkurtër që shpjegon arsyen e ekzistencës së Kishës së Nazaretasit: Kush jemi dhe çfarë besojmë. Ky publikim na jep mundësinë që të kuptojmë më mirë qëllimin e kishës në përhapjen e shenjtërisë së shkrimit dhe në misionin e saj, për të bërë dishepuj si Krishti në kombet.

Dokumentin Themeltar Nazaretas mund ta gjeni në internetit (www.whdl.org dhe kërkoni për "Nazarene Essentials").

Ndërkohë që lexoni dhe studioni *Dokumentin Themeltar Nazaretas,* ju urojmë që të mësoni sa më shumë rreth Kishës së Nazaretasit dhe dëshirës së saj për të ndarë me bindje lajmin e mirë të Jezus Krishtit.

Shënim: Dokumenti Themeltar Nazaretas *është një dokument shtesë dhe jo zëvendësues* i Kisha e Nazaretasit: Kushteta dhe Qeverimi.

John Wesley, 1703-1791,
Themeluesi i Lëvizjes Metodiste

TRASHËGIMIA JONË

Kisha e Nazaretasit beson se është degë e kishës "së vetme, të shenjtë, universale dhe apostolike" të Krishtit. Për shkak të këtij besimi, ajo e rrëfen si të vetën historinë e Krishterë. Kjo do të thotë, që ne jemi pjesë e historisë së njerëzve të Perëndisë të regjistruar në Dhjatën e Vjetër e të Re që shtrihet deri në ditët tona. Kjo përfshin çfarëdolloj varianti të Kishës së Krishtit ku ato të mund të jenë gjetur. Ne pranojmë kredot e hershme të krishtërimit si shprehje të besimit tonë.

Njësoj si kisha historike, ne predikojmë Fjalën, administrojmë sakramentet, dhe mbajmë një shërbesë që ka filluar me apostujt dhe që ka ngulitur disiplinën e të jetuarit si Krishti dhe shërbimit ndaj të tjerëve. Së bashku me besimtarët kudo në botë, përgjatë gjithë kohës, ne i përgjigjemi thirrjes biblike për jetë të shenjtë dhe një përkushtimi të plotë tek Perëndia. Ky quhet shenjtërim i plotë dhe ne me gëzim e shpallim besimin tonë si pjesë të kësaj doktrine.

Historia e Krishterë ka shumë degë. Ne gjejmë gjurmë të trashëgimisë tonë që në kohën e Reformimit Protestant - dhe më specifikisht në Reformimin

Anglez - të shekullit të 16-të. Më pas, ne gjejmë gjurmë të historisë tonë në kohën e Ringjalljes Uesliane të shekullit të 18-të. Kjo ringjallje filloi nga predikimet e dy vëllezërve, John (Gjon) dhe Charles Wesley (Çarli Uesli), dhe u përhap në të gjithë Anglinë, Skocinë, Irlandën dhe Uellsin. Kjo njihet si koha kur një numër i madh njerëzish i kthyen krahët mëkatit dhe morën fuqi për shërbesën e Krishterë.

Kjo ringjallje sfidoi praktikat tradicionale të kishës dhe karakterizohej nga:

- Joklerikë - besimtarë që nuk ishin as priftërinj as dhjak - që predikonin.
- Shërbesa të adhurimit që përfshinin dëshmi të individëve, në lidhje me punën e Zotit në jetën e tyre.
- Besimtarë që inkurajoheshin të ndiqnin një mënyrë të disiplinuar jetese, dhe dishepuj që mblidheshin në grupe të vegjël për të inkurajuar njeri - tjetrin.

Si shtesë e këtyre praktikave të reja, Ringjallja Uesliane theksoi të vërteta teologjike të rëndësishme si:

- Ripërtëritja nga hiri përmes besimit
- Shenjtërimi - i njohur gjithashtu si përsosja e krishterë - nga hiri përmes besimit.
- Besimi që Fryma e Shenjtë i siguron besimtarët që ata kanë marrë hirin.

Vënia e theksit mbi shenjtërinë e plotë është një nga kontributet më të veçanta të John Wesley në historinë dhe teologjinë e Krishterë. Ai besonte që ishte një dhuratë e Perëndisë që u jepte mundësi besimtarëve të jetonin një jetë të vërtetë të krishterë. Mësimet e tij u përhapën nëpër botë, përfshirë këtu edhe Amerikat. Në Amerikën e Veriut, në vitin 1784 u organizua Kisha Episkopale Metodiste, qëllimi i së cilës ishte "të reformojmë kontinentin dhe të përhapim Shenjtërinë e shkrimeve në këto toka".

Në shekullin e 19-të, nisi një lëvizje me një theks të ri në shenjtërinë e krishterë. Timothy Merritt (Timothi Merit) filloi të publikonte një ditar të quajtur *Udhërrëfyes në Përsosjen e Krishterë*. Phoebe Palmer (Fibi Palmer) drejtonte takimet e mesit të javës për avancimin e shenjtërisë. Ajo u bë një folëse e njohur në publik, autore dhe redaktore. Në vitin 1867 u shquan edhe predikues të tjerë Metodistë, sidomos John A. Wood (Xhon A. Ud) dhe John

Inskip (Xhon Inskip). Ud dhe Inskip organizonin takime kampingu. Këto ishin takime të mëdha, ku njerëzit do të mblidheshin për disa ditë me radhë në shërbesa adhurimi, duke fjetur shpesh në tenda. Këta predikues ishin të fokusuar në shenjtërinë dhe ata përtërinë kërkimin Ueslian për shenjtërinë anembanë botës.

Për shkak të theksimit të doktrinës së shenjtërisë, në këtë kohë lindën disa grupime të tjera si Kisha Metodiste Uesliane, Kisha Metodiste e Lirë, Ushtria e Shpëtimit si dhe disa grupe të Menonitëve, Vëllezërve dhe Miqve. Ungjillorët e përhapën këtë lëvizje në Gjermani, Mbretërinë e Bashkuar, Skandinavi, Indi dhe Australi. Ndërkohë që këto grupime po përhapeshin anembanë botës, kisha të reja të shenjtërisë lindën në këtë kohë, duke përfshirë këtu Kishën e Perëndisë (Anderson, Indiana). Gjatë kësaj kohe u shfaqën edhe misionet urbane dhe shoqatat misionare. Meqënëse nuk ishte një kishë përgjegjëse për të gjithë këtë rritje, njerëzit e quajtën atë "Lëvizja e Shenjtërisë". Kisha e Nazaretasit lindi si një dëshirë për të bashkuar të gjitha këto, në një emërtesë të vetme të fokusuar në shenjtërinë.

Meqënëse rrënjët tona shkojnë deri tek "Ringjallja Uesliane" po ashtu edhe tek "Lëvizja e Shenjtërisë", ne shpesh përdorin shprehjen "Shenjtëria-Uesliane" për të përshkruar veten tonë.

Uniteti në Shenjtëri

Në Shtetet e Bashkuara, Fred Hillery (Fred Hillëri) organizoi në vitin 1887 Kishën e Njerëzve Ungjillorë, në Providence (Providencë), Ishujt Rhode (Rodë). Në vitin pasues, 1888, Kishën e Misionit në Lynn (Lin), Massachusetts (Masaçusets). Në vitin 1890, këto dhe 8 kongregacione të tjera të pavarura formuan Shoqatën e Shenjtërisë Ungjillore Qëndrore. Në 1892, Anna S. Hanscome (Ana S. Henskom), u bë gruaja e parë e shuguruar në shërbesën e krishterë, në atë që më pas do të ishte Kisha e Nazaretasit.

Në vitin 1894 dhe 1895, William Howard Hoople (Uilljam Houard Hupël) organizoi tre kongregacionet e shenjtërisë në Brooklyn (Bruklin) New York (Nju Jork), në Shoqatën e Kishave Pentakostale të Amerikës. Në ato ditë fjala "Pentakostal" ishte një sinonim për fjalën "Shenjtëri". Grupet e Hillery dhe Hoople u bashkuan në vitin 1896. Ata filluan një program ambicioz në Indi (në vitin 1899) dhe në ishujt e Kepit të Gjelbër (në vitin 1901). Hiram Reynolds

(Hiram Rejnolds) organizoi kongregacione në Kanada në vitin 1902. Deri nga viti 1907, shoqata kishte kisha nga Nova Scotia deri në Iowa.

Në vitin 1894, Robert Lee Harris (Robert Li Harris) organizoi Kishën e Dhjatës së Re të Krishtit në Milan, Tennessee (Tenesi). E veja e tij Mary Lee Cagle (Meri Li Kegël), vazhdoi punën e tij. C.B. Jernigan (C.B. Jernigën) organizoi Kishën e parë të Pavarur të Shenjtërisë, në Van Alstyne (Van Alstinë) Teksas në vitin 1901. Të gjitha këto kisha u bashkuan sëbashku në Rising Star (Rajzing Star) Teksas në vitin 1904 dhe formuan Kishën e Shenjtërisë së Krishtit. Deri nga viti 1908, ajo u shtri nga Georgia (Xhorxhia) deri në New Mexico (Nju Meksiko), duke u shërbyer të dëbuarve dhe atyre në nevojë, duke mbështetur jetimët dhe nënat e pamartuara, dhe duke bashkëpunuar me shërbyes në Indi dhe Japoni.

Në vitin 1895, Phineas F. Bresee (Finias F. Brezi) dhe Joseph P. Widney (Xhosef P. Uidni), bashkë me rreth 100 persona të tjerë, organizuan Kishën e Nazaretasit në Los Angeles (Los Anxheles). Ata besonin se të krishterët e shenjtëruar përmes besimit duhet të ndjekin shembullin e Krishtit dhe t'u predikojnë Ungjillin të varfërve. Ata shpenzuan paratë dhe kohën e tyre në shërbesa për Krishtin për shpëtimin e shpirtrave dhe në ndihmë të nevojtarëve. Kisha e Nazaretasit u përhap kryesisht përgjatë Bregut Perëndimor të SHBA-së, me disa bashkësi aq larg në lindje sa Illinois (Ilinois). Ata mbështetën gjithashtu edhe një mision vendas në Calcutta (Kalkuta), Indi.

Në Tetor të vitit 1907, përfaqësues të Shoqatës së Kishave Pentakostale të Amerikës dhe të Kishës së Nazaretasit, u takuan sëbashku në Chicago (Çikago), Illinois. Ata punuan së bashku për të krijuar një kishë të re, që do të drejtpeshonte dy të kuptuarit e ndryshëm të qeverisjes së kishës: mbikqyrjen dhe të drejtat e bashkësisë. Kisha e re do të kishte mbikqyrës të cilët do të kujdeseshin për kishat e organizuara dhe që do të organizonin kisha të tjera të reja. Megjithatë, këta mbikqyrës nuk duhej të ndërhynin në veprimet e pavarura të kishave plotësisht të organizuara. Delegatë nga Kisha e Shenjtërisë së Krishtit morën pjesë gjithashtu në këtë takim. Asambleja e Parë e Përgjithshme përshtati një emër për trupin e ri të bashkuar nga dy organizatat si: Kisha Pentakostale e Nazaretasit. Bresee and Reynolds u zgjodhën mbikqyrës të përgjithshëm.

Në Shtator të vitit 1908, një kishë tjetër e udhëhequr nga H. G. Trumbaur (H.G. Trambu) u bashkua me Kishën Pentakostale të Nazaretasit. Më pas në 13 Tetor, Asambleja e Dytë e Përgjithshme u mblodh në një sesion të përbashkët me Këshillin e Përgjithshëm të Kishës së Shenjtërisë së Krishtit në Pilot Point, Teksas. Në këtë takim ndodhi edhe bashkimi i të dy kishave.

J. O. McClurkan (J. O. Mek Klurken) udhëhoqi formimin e Misionit Pentakostal në Nashvill, Tenesi në vitin 1898. Ky grup bashkoi njerëz për shenjtërinë nga i gjithë rajoni. Ata dërguan pastorë dhe mësues në Kubë, Guatemalë, Meksikë, dhe Indi. Në vitin 1906, George Sharpe (Xhorxh Sharp) u shkarkua nga kisha e tij në Glasgou, Skoci sepse predikonte doktrinën Uesliane të Shenjtërisë së Krishterë. Ai themeloi bashkësi të reja, dhe eventualisht ai themeloi dhe Kishën Pentakostale të Skocisë në vitin 1909. Në vitin 1915, Misioni Pentakostal dhe Kisha Pentakostale e Skocisë u bashkuan me Kishën Pentakostale të Nazaretasit.

Në vitin 1919, Asambleja e pestë e Përgjithshme e ndryshoi emrin e emërtesës, në, Kisha e Nazaretasit. Emri "pentakostal" nuk kishte më kuptimin e fjalës "doktrina e shenjtërisë" siç njihej në fundin e shekullit të 19-të. Emërtesa e re i qëndroi besnike misionit të saj fillestar, të predikimit të ungjillit të shpëtimit të plotë.

Asambleja e Përgjithshme, Pilot Point, Teksas (USA), 13 Tetor 1908.

KISHA GLOBALE

Kisha e Nazaretasit është një kishë globale.

Natyrën globale të emërtesës ia dhanë kishat që u bashkuan në vitin 1915. Në atë kohë kishte Kisha të Nazaretasit në Argjentinë, Guatemalë, Indi, Ishujt e Kepit të Gjelbër, Japoni, Kanada, Kinë, Kubë, Mbretëri e Bashkuar, Meksikë, Peru, Suazilend dhe në Shtetet e Bashkuara. Deri në vitin 1930, ajo u shtri edhe në Afrikën e Jugut, Barbados, Mozambik, Palestinë, Siri dhe Trinidad. Drejtuesit kombëtarë ishin të rëndësishëm në këtë proces, dhe këtu mund të përmendim mbikqyrësit distriktual V. G. Santin (V.G.Santin) (Meksikë), Hiroshi Kitagawa (Hiroshi Kitagaua) (Japoni), dhe Samuel Bhujbal (Samuel Bujbal) (Indi).

Karakteri Ndërkombëtar i Kishës u rrit ndërkohë që grupe të tjerë i bashkoheshin emërtesës.

Në vitin 1922, J. G. Morrison si udhëheqës i shumicës së punonjësve të Shoqatës për Shenjtëri të joklerikëve dhe me më shumë se 1,000 anëtarë të Dakotës, Minesotës dhe Montanës i'u bashkuan kishës. Chung Nam Soo (Çung Nam Su, i njohur si Robert Chung) udhëhoqi një rrjet pastorësh koreanë dhe bashkësish, në Kishën e Nazaretasit rreth vitit 1930. Kishat në Australi nën drejtimin e A. A. E. Berg, u bashkuan me kishën e Nazaretasit në vitin 1945. Alfredo del Rosso (Alfredo del Roso) udhëhoqi kishat italiane në emërtesë në vitin 1948. Shoqata Misionare e Besimit Hephzibah (Eftsibah) misioni Afrikano-Jugor dhe qendra e tij në Tabor, Iowa (Joua), u bashkuan me Kishën e Nazaretasit rreth vitit 1950.

Misioni Ndërkombëtar i Shenjtërisë, i themeluar në Londër në vitin 1907 nga David Thomas (Dejvid Tomas), zhvilloi një punë më të gjerë në Afrikën Jugore, nën drejtimin e David Jones (Dejvid Xhons). Në vitin 1952, kishat e tij në Angli dhe Afrikë, nën mbikqyrjen e J. B. Maclagan (J. B. Meklagën) u bashkuan me Kishën e Nazaretasit. Maynard James (Mejnërd Gjejms) dhe Jack Ford (Xhek Ford) formuan Kishën e Shenjtërisë të Kalvarit në Britani në vitin 1934 dhe u bashkuan me Kishën e Nazaretasit në vitin 1955. Kisha e Punëtorëve të Ungjillit, e organizuar nga Frank Goff (Frenk Gof) në Ontario të Kanadasë, në vitin 1918, u bashkua me Kishën e Nazaretasit në vitin 1958. Nigerianët formuan një Kishë Nazaretase me drejtim vendas në vitin 1940 dhe, nën mbikqyrjen e Jeremiah U. Ekaidem (Xheremaja U. Ekaidëm), u bashkuan me Kishën Ndërkombëtare në vitin 1988.

Ndërkohë që Kisha e Nazaretasit rritej, identiteti i saj si një emërtesë ndërkombëtarë po forcohej gjithmonë e më shumë. Nën dritën e këtyre zhvillimeve, nazaretasit zhvilluan një model të kishës që ndryshonte nga shumica e kishave Protestante. Në vitin 1976, një komision ekzaminoi të ardhmen e emërtesës. Në raportin për Asamblenë e Përgjithshme të vitit 1980, ai rekomandoi që emërtesa të adoptonte në mënyrë të qëllimshme një politikë ndërkombëtarizimi të bazuar në dy principe:

- Së pari, ai njohu që kishat Nazaretase dhe distriktet në mbarë botën, krijonin një "miqësi mbarëbotërore të besimtarëve, ku ekzistonte pranim i plotë brenda kontekstit të tyre kulturor."
- Së dyti, ai identifikoi një përkushtim të përbashkët të "misionit të dallueshëm të Kishës së Nazaretasit", të quajtur "për të shpërndarë shenjtërinë e shkrimit ... [si] elementin kyç në thelbin e panegociueshëm që përfaqëson identitetin nazaretas".

Në vitin 1980, Asambleja e Përgjithshme përqafoi "Uniformitetin Ndërkombëtar Teologjik" me Nenet e Besimit. Ajo theksonte rëndësinë e edukimit teologjik për të gjithë shërbyesit, dhe u bëri thirrje për mbështetje të menjëhershme të edukimit teologjik, institucioneve në secilën pjesë të botës. U bëri thirrje nazaretasve të shkojnë drejt maturimit, si një komunitet ndërkombëtar, i fokusuar në shenjtërinë. Ky komunitet ishte i lidhur në një mënyrë që sfidoi mentalitetin e vjetër, kolonial që i ndante njerëzit dhe kombet në dy grupe : "të fortë dhe të dobët, dhënës (donatorë) dhe marrës". Ky model i hapi rrugën "atij që pranon si të vërtetë këtë mënyrë krejt të re të shikuarit të botës: atij që njeh pikat e forta dhe barazinë midis gjithë partnerëve."

Që nga kjo kohë, Kisha e Nazaretasit ka pasur një model unik të rritjes midis protestantëve. Nga viti 1998, gjysma e nazaretasve nuk vazhdojnë më të jetojnë në Shtetet e Bashkuara dhe në Kanada. Në Asamblenë e Përgjithshme të vitit 2001, dy nga pesë delegatë e flisnin anglishten si një gjuhë e dytë ose nuk e flisnin fare atë. Në vitin 2009 zgjidhet si mbikqyrës i përgjithshëm një afrikan nga Ishujt e Kepit të Gjelbër, Eugenio Duarte (Juxhinio Duarte).

Karakteristika të dallueshme të një Shërbese Ndërkombëtare

Historikisht, përpjekjet e nazaretasve kanë qënë të fokusuara në ungjillizim, shërbesë sociale dhe edukim. Ata lulëzuan përmes bashkëpunimit të misionarëve ndërkulturorë dhe mijëra pastorëve dhe punëtorëve joklerikë. Këta punëtorë i bënë pjesë të kulturave të tyre principet Uesliane.

Hiram F. Reynolds (Hiram F. Rejnolds) ishte një drejtues, i cili solli konceptin e ungjillizimit botëror - Nazaretasit që punonin në kultura të ndryshme për të shpërndarë ungjillin. Gjatë 25 viteve të tij si një mbikqyrës i përgjithshëm, ai ishte një mbështetës i misionit, dhe ndihmoi në ngritjen e përpjekjeve misionare në një nivel prioritar për emërtesën. Që nga viti 1915, Misioni Ndërkombëtar Nazaretas - një organizatë që promovon, edukon dhe ngre fonde për misionarët nazaretas - ka qënë aktive në kongregacionet anekënd botës.

Nazaretasit e parë kanë qënë njerëz të dhembshurisë. Ata dëshmonin Hirin e Perëndisë duke mbështetur familjet për lehtësimin e zisë së bukës në Indi, duke mbështetur jetimoret, shtëpitë e lindjes për vajzat dhe gratë e pamartuara, dhe duke krijuar misionet urbane që u shërbenin njerëzve me varësi të ndryshme dhe atyre pa shtëpi. Në vitin 1920, shërbesa sociale e kishës u përqendrua tek mjekësia. Kisha e Nazaretasit ndërtoi spitale në Kinë dhe në Suazilend, dhe më vonë në Indi dhe në Guinenë e Re. Profesionistët nazaretas të mjekësisë u kujdesën për të sëmurët, kryen operacione kirurgjikale, trajnuan infermierë dhe sponsorizuan klinikat e lëvizshme midis njerëzve më të varfër të botës. Kisha ngriti edhe facilitete të specializuara si klinika për lebrozët në Afrikë.

Në vitin 1980, kisha krijoi Shërbesën e Dhembshurisë Nazaretase. Kjo e lejoi atë që të përfshihej në shërbesa sociale të një rangu më të gjerë që vazhdojnë edhe sot: mbështetje për fëmijët, ndihmë në raste katastrofash, edukim rreth AIDS, mbështetje për jetimët, projektje për ujin e pijshëm, shpërndarje të ushqimeve dhe shumë të tjera.

Studimet e Biblës të Shkollës të së Dielës, kanë qenë gjithmonë pjesë e jetës, në kongregacionet nazaretase. Ato luajnë një rol të rëndësishëm në formimin e

dishepujve si Krishti. Që nga fillimet e saj, kisha ka investuar në edukimin bazë, për shkrim e këndim. Shembulli më i hershëm është ai i Shkollës së Shpresës për Vajzat në Kalkuta, të themeluar në vitin 1905. Shkollat Nazaretase përgatisin studentë anekënd botës, për t'u përfshirë tërësisht në të gjitha aspektet e jetës: sociale, ekonomike, po ashtu edhe fetare. Në Shtetet e Bashkuara, shumica e universiteteve nazaretase kishin shkolla të ciklit fillor dhe të mesëm në godinat e tyre deri në mesin e shekullit të 20-të.

Themeluesit Nazaretas investuan në mënyrë domethënëse në arsimin e lartë. Ata besonin që ishte thelbësore trajnimi i pastorëve dhe i punëtorëve të krishterë. Ishte gjithashtu i rëndësishëm edhe formimi për joklerikët. Këshilli Ndërkombëtar i Arsimit liston institucione Nazaretase të arsimit të lartë përqark botës, duke përfshirë këtu edhe kolegjet e arteve liberale dhe universitetet në Afrikë, Brazil, Kanada, Karaibe, Kore, dhe në Shtetet e Bashkuara. Gjenden shkolla të infermierisë në Indi dhe në Guinenë e Re. Gjithashtu, kisha ka kolegje biblike dhe institute në të gjashtë rajonet e saj të botës (në rajonin e Afrikës, Amerikës së Jugut, Amerikës-Qendrore, Azi-Paqësorit, Euro-Azisë dhe SHBA - Kanadasë), si dhe shkolla pas universitare të teologjisë në Angli, Australi, Filipine, Kosta Rika dhe në Shtetet e Bashkuara.

Kisha e Nazaretasit është rritur me kalimin e kohës, nga një kishë me një prezencë të shpërndarë përreth botës, në një komunitet global të besimtarëve. Themeluar në Traditën Uesliane, kisha i përshkruan njerëzit e saj si "të krishterë, të shenjtë dhe misionar" (shiko pjesën e Vlerave Thelbësore) . Nazaretasit përqafuan deklaratën e misionit të kishës: "Të bëjmë dishepuj si Krishti në kombet".

—

1 Ditari i Asamblesë së Përgjithshme të Njëzet, Kisha e Nazaretasit, (1980):232. Franklin Cook (Frenklin Kuk), Dimensioni Ndërkombëtar (1984):49.

VLERAT THELBËSORE

1. Ne jemi njerëz të Krishterë

Si anëtarë të Kishës Universale, ne bashkohemi me të gjithë besimtarët e vërtetë në shpalljen e Jezus Krishtit si Zot dhe në përqafimin e shpalljeve të kredos historike Trinitariane dhe të besimit të Krishterë. Ne vlerësojmë trashëgiminë e Shenjtërisë sonë Uesliane dhe besojmë që ajo është një mënyrë kuptimi e besimit besnik ndaj shkrimeve, arsyes, traditës dhe përvojës.

Ne bashkohemi me të gjithë besimtarët në shpalljen e Jezus Krishtit si Zot. Ne besojmë që në dashurinë hyjnore, Perëndia i ofron tërë njerëzimit falje të mëkateve dhe restaurim të marrëdhënies. Duke qenë të pajtuar me Perëndinë, ne besojmë që duhet të jemi gjithashtu të pajtuar me njëri-tjetrin, duke e dashur njëri-tjetrin siç jemi dashur nga Perëndia, dhe duke falur njëri-tjetrin siç jemi falur nga Perëndia. Ne besojmë që jeta jonë së bashku shërben si shembull i karakterit të Krishtit. Ne shikojmë tek Shkrimet burimin primar të së vërtetës shpirtërore të konfirmuar nga arsyeja, tradita dhe përvoja.

> **Ne bashkohemi me të gjithë besimtarët në shpalljen e Jezus Krishtit si Zot.**

Jezus Krishti është Zoti i Kishës, që ashtu si na tregon Kredoja e Niceas, është "Një, e Shenjtë, Universale dhe Apostolike". Në Jezus Krishtin dhe përmes Frymës së Shenjtë, Perëndia Ati u ofron të gjithë botës faljen e mëkateve dhe pajtim. Ata që i përgjigjen ofertës së Perëndisë me besim, bëhen bij të Perëndisë. Duke qenë të falur dhe të pajtuar në Krishtin, ne falim dhe jemi të pajtuar me njëri-tjetrin. Në këtë mënyrë ne jemi Kisha dhe Trupi i Krishtit dhe zbulojmë unitetin e këtij Trupi. Si trupi i vetëm i Krishtit ne kemi "një Zot, një besim, një pagëzim". Ne pohojmë unitetin e Kishës së Krishtit dhe përpiqemi me të gjitha gjërat ta ruajmë atë (Efesianët 4:5, 3).

2. Ne jemi njerëz të shenjtërisë

Perëndia, i cili është i shenjtë, na thërret ne në një jetë të shenjtë. Ne besojmë që Fryma e Shenjtë kërkon të kryejë në ne një punë të dytë të hirit, të shënuar me terma të ndryshëm duke përfshirë këtu termat si "shenjtërimin i plotë" dhe "pagëzimin me Frymën e Shenjtë" - duke na pastruar nga i gjithë mëkati, duke na ripërtërirë në imazhin e Perëndisë, duke na dhënë fuqi të duam Perëndinë me të gjithë zemrën, shpirtin, mendjen dhe forcën tonë, dhe të afërmin tonë si veten tonë, duke prodhuar në ne karakterin e Krishtit. Shenjtëria në jetën e besimtarëve kuptohet më qartë si ngjashmëri me Krishtin.

> **Është puna e Frymës së Shenjtë që rivendos në ne imazhin e Perëndisë dhe prodhon në ne karakterin e Krishtit.**

Për shkak se ne jemi thirrur nga Shkrimet dhe tërhequr nga hiri për të adhuruar Perëndinë dhe për të dashur atë me gjithë zemrën, shpirtin, mendjen dhe forcën tonë dhe të afërmit tanë si veten, ne i përkushtojmë veten Perëndisë plotësisht dhe tërësisht, duke besuar që ne mund të "shenjtërohemi plotësisht" si një punë e dytë e hirit pas asaj të shpëtimit. Ne besojmë që Fryma e Shenjtë na bind, na pastron, na mbush dhe na fuqizon, në mënyrë që Hiri i Perëndisë të na transformojë nga dita në ditë në njerëz të dashurisë, me disiplina shpirtërore, pastërti etike dhe morale, dhembshuri dhe drejtësi. Është puna e Frymës së Shenjtë që rivendos në ne imazhin e Perëndisë dhe prodhon në ne karakterin e Krishtit.

Ne besojmë në Perëndinë At, Krijuesin, i cili thërret në ekzistencë atë që nuk ekziston. Ne njëherë nuk ishim, por Perëndia na thirri ne në ekzistencë, na bëri për veten e Tij dhe na modeloi në imazhin e Tij. Ne jemi porositur të kemi imazhin e Perëndisë: "Unë jam Zoti, Perëndia juaj; shenjtërohuni pra, dhe jini të shenjtë, sepse Unë jam i shenjtë" (Levitiku 11:44a).

3. Ne jemi njerëz me mision

Ne jemi njerëz të dërguar, duke i'u përgjigjur thirrjes së Krishtit dhe të fuqizuar nga Fryma e Shenjtë për të shkuar në të gjithë botën, duke dëshmuar se Krishti është Zot dhe duke marrë pjesë së bashku me Perëndinë në ndërtimin e Kishës dhe në zgjerimin e Mbretërisë së Tij (Mateu 28:19-20; 2 Korintasve 6:1). Misioni ynë (a) fillon në adhurimin, (b) i shërben botës në ungjillizim dhe në dhembshuri, (c) inkurajon besimtarët drejt pjekurisë së krishterë përmes dishepullizimit, dhe (d) përgatit gratë dhe burrat për shërbesën e krishterë përmes arsimit të lartë të krishterë.

A. Misioni ynë i adhurimit

Misioni i Kishës në botë fillon me adhurimin. Kur ne mblidhemi së bashku përpara Perëndisë në adhurim - duke kënduar, duke dëgjuar leximin publik të Biblës, duke dhënë të dhjetat dhe ofertat tona, duke u lutur, duke dëgjuar predikim e Fjalës, duke pagëzuar dhe duke ndarë Darkën e Zotit - ne kuptojmë qartë çfarë do të thotë të jemi njerëzit e Perëndisë. Besimi ynë që puna e Perëndisë në botë mbushet së pari përmes kongregacioneve adhuruese, na drejton ne të kuptojmë se misioni ynë përfshin marrjen e anëtarëve të rinj në shoqërinë e kishës si dhe organizimin e kongregacioneve të reja adhuruese.

> **Adhurimi është shprehja më e lartë e dashurisë tonë për Perëndinë.**

Adhurimi është shprehja më e lartë e dashurisë tonë për Perëndinë. Është adhurimi me në qendër Perëndinë duke nderuar të Vetmin, i cili me mëshirë dhe me hir na shpengon. Konteksti primar për adhurimin është kisha lokale, ku njerëzit e Perëndisë mblidhen, jo në një eksperiencë vet-qendërzimi ose vet-lavdërimi, por në një eksperiencë vet-dorëzimi dhe vet-ofrimi. Adhurimi është kisha duke shërbyer Perëndisë me dashuri dhe bindje.

B. Misioni ynë i dhembshurisë dhe ungjillizimit

Si njerëz të përkushtuar ndaj Perëndisë ne ndajmë dashurinë e Tij për të humburin dhe dhembshurinë e Tij për të varfërin dhe zemërthyerin. Urdhërimi i madh (Mateu 22:36-40) dhe Porosia e Madhe (Mateu 28:19-20) na shtyn të angazhojmë botën në ungjillizim, dhembshuri dhe drejtësi. Kështu, ne jemi përkushtuar për të thirrur njerëzit të kthehen në besim, për t'u kujdesur për ata në nevojë, për të qëndruar kundrejt padrejtësisë me të shtypurin, për të punuar në mbrojtjen dhe ruajtjen e pasurive të krijimit të Perëndisë, si dhe për të përfshirë në shoqërinë tonë të gjithë ata që thërrasin emrin e Zotit.

Përmes misionit të saj në botë, Kisha demonstron dashurinë e Perëndisë. Historia e Biblës është historia e Perëndisë që pajton botën me veten e vet, përmes Jezus Krishtit (2 Korintasve 5:16-21). Kisha është dërguar në botë për të bashkëpunuar me Perëndinë në shërbesën e dashurisë dhe të pajtimit përmes ungjillizimit, dhembshurisë dhe drejtësisë.

C. Misioni ynë i dishepullizimit

Ne jemi përkushtuar të jemi dishepuj të Jezusit dhe të ftojmë të tjerët për të qënë dishepuj të Tij. Me këtë gjë në mendje, ne jemi përkushtuar sigurimit të mjeteve (Shkolla e së Dielës, studimet biblike, grupet e vogla, etj) përmes të cilave mund të inkurajohen besimtarët të rriten në të kuptuarin e tyre të besimit të krishterë dhe në marrëdhëniet e tyre me njeri-tjetrin dhe me Perëndinë. Ne e kuptojmë dishepullizimin si diçka që përfshin nënshtrimin e vetes sonë në bindje ndaj Perëndisë dhe disiplinave të besimit. Ne besojmë se duhet të ndihmojmë njëri-tjetrin për të jetuar një jetë të shenjtë përmes mbështetjes reciproke, miqësisë së krishterë dhe përgjegjësisë dashuruese. John Wesley (Xhon Uesli) ka thënë, "Perëndia na ka dhënë tek njëri – tjetri për të forcuar duart e njëri - tjetrit".

> **Dishepullizimi është mjeti përmes të cilit Fryma e Shenjtë gradualisht na çon ne në pjekuri në Krishtin.**

Dishepullizimi i krishterë është një mënyrë të jetuari. Është procesi i të mësuarit se si Perëndia do të donte që ne të jetonim në këtë botë. Ndërsa ne mësojmë që të jetojmë në bindje ndaj Fjalës së Perëndisë, në nënshtrimin ndaj disiplinave të besimit dhe në përgjegjësi ndaj njëri-tjetrit, ne fillojmë të kuptojmë gëzimin e vërtetë të jetës së disiplinuar dhe kuptimin e krishterë të lirisë. Dishepullizimi nuk është një përpjekje njerëzore për t'ju nënshtruar rregullave dhe rregulloreve. Ai është mjeti përmes të cilit, Fryma e Shenjtë gradualisht na çon ne në pjekuri në Krishtin. Pikërisht, përmes dishepullizimit ne bëhemi njerëz me karakter të krishterë. Qëllimi përfundimtar i dishepullizimit është të transformohemi në ngjashmëri me Jezus Krishtin (2 Korintasve 3:18).

D. Misioni ynë i Arsimit të Lartë të Krishterë

Ne jemi përkushtuar "Arsimit të Lartë të Krishterë", përmes të cilit gra dhe burra pajisen për jetën e shërbimit të krishterë. Në seminaret tona, kolegjet biblike, kolegjet, dhe universitetet, ne i jemi përkushtuar punës së njohurisë, zhvillimit të karakterit të krishterë, dhe pajisjes së udhëheqësve në përmbushjen e thirrjes sonë të dhënë nga Perëndia për të shërbyer në kishë dhe në botë.

Arsimi i lartë i krishterë është një pjesë qëndrore e misionit të Kishës së Nazaretasit. Në vitet e para të Kishës së Nazaretasit, institucionet e arsimit të lartë të krishterë u organizuan për qëllimin e përgatitjes së burrave dhe grave të Perëndisë për udhëheqje dhe shërbim të krishterë në përhapjen globale të rizgjimit të Shenjtërisë-Uesliane. Përkushtimi ynë i vazhdueshëm ndaj arsimit të lartë të krishterë, përmes viteve ka prodhuar një rrjet të gjerë seminaresh, shkollash biblike, kolegjesh dhe universitetesh në të gjithë botën.

MISIONI

Misioni i Kishës së Nazaretasit është të bëjë dishepuj si Krishti në kombet.

Si një komunitet global i besimit, ne i jemi përkushtuar Porosisë së Madhe të dhënë nga Jezusi (Mateu 28:19-20). Kjo do të thotë, që ne marrim Lajmin e Mirë të jetës së re në Jezus Krishtin dhe e çojmë në mbarë botën. Ne shpërndajmë mesazhin e shenjterisë së shkrimeve - mënyrën e të jetuarit si Krishti - në mbarë botën.

Kisha e Nazaretasit bashkon së bashku të gjithë njerëzit, të cilët e kanë bërë Jezus Krishtin Zot të jetës së tyre. Ne vijmë së bashku në miqësinë e krishterë dhe ne dëshirojmë të fuqizojmë njëri-tjetrin në besim përmes adhurimit, predikimit, edukimit dhe shërbimit tek të tjerët.

Së bashku me përkushtim për një të jetuar si Krishti, ne përpiqemi që të tregojmë dhembshurinë e Jezus Krishtit tek të gjithë personat.

Ndërsa qëllimi primar i kishës është të lavdërojë Perëndinë, ne jemi thirrur gjithashtu për të qenë pjesëmarrës aktiv në misionin e Tij - të pajtimit të botës me veten e Tij.

Kjo përfshin të gjitha principet historike të misionit tonë: ungjillizimin, shenjtërimin, dishepullizimin dhe dhembshurinë. Ne i bashkojmë të gjitha këto së bashku në një fjalë: në ngjashmëri me Krishtin - esenca e shenjtërisë.

Nazaretasit janë bërë "njerëz të dërguar" - të dërguar në shtëpitë e të tjerëve, vendeve të punës, fshatra dhe po ashtu në qytete dhe shtete. Misionarë po dërgohen nga të gjitha vendet e botës.

Perëndia vazhdon të thërrasë njerëz të zakonshëm, për të bërë gjëra të jashtëzakonshme nëpërmjet personit të Frymës së Shenjtë.

KARAKTERISTIKAT NAZARETASE

Në Asamblenë e Përgjithshme të vitit 2013, Këshilli i Mbikqyrësve të Përgjithshëm, paraqiti shtatë karakteristika të Kishës së Nazaretasit:

1. Adhurim shprehës
2. Koherencë teologjike
3. Ungjillizim i zjarrtë
4. Dishepullizim i qëllimshëm
5. Zhvillimi i Kishës
6. Udhëheqje transformuese
7. Dhembshuri e qëllimshme

Këto karakteristika nuk përshkruajnë misionin tonë - "Të bëjmë dishepuj si Krishti, në kombet" - as vlerat thelbësore - i Krishterë, Shenjtërimi, Misionare". Në fakt ato përshkruajnë atë që ne besojmë që duhet të karakterizojë çdo Kishë Nazaretase dhe në një këndvështrim më të gjerë, të reflektohet nga të gjithë nazaretasit anembanë botës. Ndërsa ecim përpara, ne nxisim drejtuesit e kishës t'i theksojnë këto karakteristika dhe të gjithë nazaretasit t'i përqafojnë ato. Le të zbulojmë se si me kalimin e kohës, ato mund të bëhen reale për kishën globale.

> ## Thirrje për të adhuruar
>
> Ejani t'i këndojmë me gëzim Zotit; t'i dërgojmë britma gëzimi kalasë së shpëtimit tonë.
>
> Le të shkojmë në prani të Tij me lavde, ta kremtojmë me këngë.
>
> Sepse Zoti është një Perëndi i madh dhe një mbret i madh mbi gjithë perënditë.
>
> Në duart e Tij janë thellësitë e tokës dhe të Tijat janë majat e larta të maleve.
>
> I Tiji është deti, sepse Ai e ka bërë, dhe dheu i thatë që duart e Tij kanë modeluar.
>
> Ejani, të adhurojmë dhe të përkulemi; të gjunjëzohemi përpara Zotit që na ka bërë.
>
> Sepse Ai është Perëndia ynë dhe ne jemi populli i kullotës së Tij dhe kopeja për të cilën ai kujdeset.
>
> —Psalmi 95:1-7a

1. Adhurim shprehës

Ne mund të themi me siguri, që kur adhurojmë Perëndinë, ne pranojmë që Ai është Shkëmbi i shpëtimit, Zoti i madh, Mbret mbi të gjithë perënditë, Krijuesi i gjithçkaje, si dhe Bariu që kujdeset për popullin eTij.

A. Dishepujt e Jezusit jetuan pranë Jezusit dhe për pasojë të marrëdhënies së tyre me Jezusin, u shërbyen të tjerëve.

- Jezusi i dërgoi dishepujt e Tij në botë për të shërbyer (Mateu 10).
- Më vonë, Ai u tregoi që ata kishin nevojë të mbusheshin me Frymën e Shenjtë. Ata pritën në dhomën e sipërme dhe Fryma e Shenjtë zbriti ashtu si Jezusi u kishte premtuar (Veprat 2).

- Që nga momenti që dishepujt filluan shërbesën e tyre në botë, ata u bënë ambasadorë të Perëndisë.
- Ata sollën një mesazh pajtimi së bashku me misionin e tyre të pajtimit (2 Korintasve 5:11-21).
- Pali e tha më së miri, "Jemi, pra, ambasadorë të Krishtit, sikur Perëndia t'ju lutej nëpërmjet nesh; ju lutemi në vend të Krishtit: Pajtohuni me Perëndinë! Sepse atë, që nuk njihte mëkat, e bëri mëkat për ne, që ne të bëhemi drejtësia e Perëndisë në Të" (2 Korintasve 5:20-21).

B. Jezusi i sfidoi ndjekësit e Tij me Porosinë e Madhe.

- Shkoni, pra, dhe bëni dishepuj në të gjithë kombet duke i pagëzuar në emër të Atit e të Birit e të Frymës së Shenjtë, duke i mësuar të mbajnë të gjitha sa ju kam urdhëruar. Dhe ja, unë jam me ju gjithë ditët, deri në mbarim të botës" (Mateu 28:19-20).
- Kisha e hershme filloi të përmbushte me të vërtetë këtë porosi në botë, të ndjekur nga një *adhurim shprehës* në takimin me Frymën në Antioki (Veprat 13:1-4).

C. Një *adhurim shprehës* ndodh kur ne praktikojmë disiplinat e Frymës si agjërimin dhe lutjen.

- Fryma e Shenjtë i dërgoi ata në botë për të fituar njerëz të tjerë në besimin e tyre.
- Kjo ndodhi në kontekstin e adhurimit.
- Adhurimi na frymëzon dhe liron fuqinë e Perëndisë në jetët tona.
- Adhurimi ridrejton jetët tona në drejtim të Krishtit. Është një disiplinë shpirtërore e domosdoshme për të gjithë besimtarët, e përdorur nga Perëndia për të na formësuar në imazhin e shenjtë të Jezusit.
- Ne duhet ta bëjmë adhurimin personal apo në bashkësi, pjesë të vazhdueshme të jetës sonë.

D. *Adhurimi shprehës* gjatë shërbesave së bashku, lejon Perëndinë që të lëvizë midis nesh sipas mënyrës së Tij.

- Kisha e hershme nuk merrej me çështje të zyrës në komitete apo seminare.
- Për më tepër, ata mblidheshin shpesh në shërbesa adhurimi së bashku dhe lejonin Perëndinë që të vepronte lirshëm midis tyre.
- Ne duhet t'i japim fund kohës tonë të programuar në agjenda dhe të lejojmë Perëndinë që të përmbushë agjendën e Tij mes nesh.

E. *Adhurimi shprehës* i jep hapësirë Perëndisë që të lëvizë lirshëm, ndërkohë që ne e presim Atë me padurim.

- Ne duhet t'i japim kohë Perëndisë që Ai të shfaqë veten e Tij, si dhe të bindë, lëvizë, prekë, shpëtojë dhe shenjtërojë popullin, sipas mënyrës dhe planit të Tij kohor.
- Ne duhet të vijmë në takimet e adhurimit së bashku, duke kërkuar me padurim që Perëndia të vijë në atë takim dhe të lëvizë në mesin tonë.
- Ne duhet t'i lëmë hapësirë Perëndisë që të lëvizë në mënyrë të dukshme, të bëjë vetëm atë që Perëndia mund të bëjë, kur ne mblidhemi së bashku gjatë javës për të adhuruar. Ne asnjëherë nuk duhet të jemi të kënaqur me rutinën e zakonshme nëpër takimet tona.

F. Fëmijët e Perëndisë duhet të mblidhen së bashku çdo javë, në mënyrë që Fryma e Shenjtë t'i mbushë ata fuqishëm.

- Asgjë tjetër nuk mund ta zëvendësojë shpirtin njerëzor të mbushur nga Fryma Hyjnore e Perëndisë.
- Dhe kjo gjë ndodh më së miri kur ne jemi duke kryer *së bashku një adhurim shprehës.*

2. Koherencë teologjikë

A. Zëri ynë Nazaretas duhet të dëgjohet brenda kishës së madhe të Krishterë.

- Pasi tregon atë çfarë ne besojmë teologjikisht.
- Tregon se çfarë ne pohojmë, çfarë i motivon veprimet tona dhe si i jetojmë ato gjëra që besojmë në jetën e përditshme.

B. Më poshtë mund të gjeni burimet tona për *koherencën teologjike*.

- Shkrimi: Ne besojmë se Shkrimet e Shenjta janë themelore dhe jetësore në formimin e identitetit tonë në Krishtin.
- Tradita e Krishterë: Ne shpallim mësimet e orthodhoksisë/doktrinës të 2000 viteve të historisë, përmes traditave të ndryshme të krishtera.
- Arsyeja: Ne besojmë që Fryma e Shenjtë punon përmes intelektit tonë dhe na jep mendje të kthjellëta.
- Përvoja personale: Ne besojmë që Perëndia punon në dhe përmes jetëve të individëve që ndjekin Krishtin.

C. Besimet e mëposhtme na mundësojnë *koherencën teologjike*.

- Ne jemi të krishterë.
    - Ne pohojmë besimin tonë në Perëndinë Trini - At, Bir dhe Frymë e Shenjtë.
    - Ne pohojmë besimin tonë në Jezus Krishtin si Birin e Perëndisë.
    - Ne pohojmë Krishtin si personin e dytë të Trinisë.
    - Ne ndjekim kredot e orthodhoksisë dhe traditat e kishës së krishterë.

- Ne jemi protestantë.
    - Ne besojmë në shfajësimin nga hiri vetëm përmes besimit për shpëtim.
    - Ne i japim rëndësinë e duhur autoritetit të Shkrimit.
    - Ne besojmë në priftërinë e të gjithë besimtarëve.

- o Ne pohojmë predikimin si tipar qëndror në përvojën e adhurimit dhe vendosim katedrën e kishës në qendër të platformës së saj.
- o Ne besojmë se dhuntitë e Frymës shpërndahen midis besimtarëve në trupin e Krishtit.

- Ne jemi ungjillorë.

    - o Ne besojmë në mundësinë dhe nevojën për një marrëdhënie personale me Jezus Krishtin, përmes faljes së mëkateve dhe transformimit të karakterit tonë në ngjashmëri me Krishtin.
    - o Ne besojmë se ndryshimi i mënyrës tonë të jetesës është dëshmi e besimit tonë.

- Ne jemi Uesliane.

    - o Ne besojmë që thelbi i natyrës së Perëndisë përreth së cilës ndërtohet teologjia është —"Perëndia është dashuri" (1 Gjonit 4:8).
    - o Ne besojmë që njerëzit veprojnë me vullnet të lirë në mënyrë që të kenë një marrëdhënie kuptimplotë me Perëndinë.
    - o Ne besojmë që Perëndia ka hir dhe mëshirë për njerëzimin.
    - o Ne besojmë që Hiri Paraprirës i Perëndisë shkon përpara personit, në mënyrë që ta ruajë atë që të mos bjerë thellë në mëkat dhe për ta sjellë atë përsëri tek Perëndia.
    - o Ne besojmë që puna kërkuese, shpenguese, shpëtuese, shenjtëruese dhe plot hir e Perëndisë në jetën e një personi shërben për ta bërë atë një fëmijë të Perëndisë dhe për të pasur fitore në rrugën e krishterë.
    - o Ne besojmë në shpresën e hirit që thyen fuqinë e mëkatit në jetën e personit dhe e ndryshon atë nga një mëkatar në një fëmijë të Perëndisë, i cili me dëshirë i bindet Atij me një zemër të dashurisë.
    - o Shenjtëria dhe shenjtërimi janë mundësi reale në këtë jetë.

- Ne besojmë në dëshminë e Frymës.

- o Ne kemi sigurinë e besimit që i bën të ditur një personi që mëkatet e tij ose të saj janë të falur nga Perëndia dhe informon në vazhdimësi që gjaku i Jezusit vazhdon të pastrojë mëkatet e së shkuarës dhe të japë fitore përditë.
- o Ne besojmë në udhëheqjen e Frymës, që i jep mundësinë një individi të jetë i udhëhequr nga Perëndia për vendimet e jetës së përditshme. Fryma e Perëndisë i drejton fëmijët e tij më nxitje dhe kontroll duke siguruar një drejtim në udhëtimin e jetës.

D. Ne besojmë se egzistojnë katër aspekte thelbësore të një jete të shenjtë.

- Në ngjashmëri me Krishtin - Të transformohesh përditë në imazhin e Jezusit përmes punës së Frymës së Shenjtë, kur jemi të hapur të lejojmë Perëndinë të punojë në ne. "Pra, në qoftë se ka ndonjë ngushëllim në Krisht, ndonjë ngushëllim dashurie, ndonjë pjesëmarrje të Frymës, ndonjë përdëllim e dhembshuri, atëherë e bëni të plotë gëzimin tim, duke pasur të njëjtin mendim, të njëjtën dashuri, një unanimitet dhe një mendje të vetme" (Filipianët 2:1-2).
- Stil i jetës - I hequr mënjanë për qëllime të shenjta për të bërë punën e Perëndisë në botë. "Unë nuk kërkoj që Ti t'i heqësh nga bota, por që Ti t'i ruash nga i ligu. Ata nuk janë nga bota, sikurse Unë nuk jam nga bota. Shenjtëroji ata në të vërtetën tënde; fjala jote është e vërteta" (Gjoni 17:15-17).
- Tundimi dhe fuqia për të zgjedhur - Aftësia për të mos u dorëzuar para varësive apo sugjerimeve të mishit apo të të ligut, por fuqisë së Perëndisë për të jetuar një jetë të shenjtë. "Dhe t'ju ndriçojë sytë e mendjes suaj, që të dini cila është shpresa e thirrjes së Tij dhe cila është pasuria e lavdisë së trashëgimisë së Tij në shenjtorët, dhe cila është madhështia e jashtëzakonshme e fuqisë së Tij ndaj nesh, që besojmë, sipas veprueshmërisë së pushtetit të forcës së Tij, të cilën e vuri në veprin në Krishtin, duke e ringjallur prej së vdekurish dhe duke e vënë të ulej në të djathtën e Tij në vendet qiellore"(Efesianët 1:18-20).
- Fryti i Frymës - Dashuria perfekte e Perëndisë që manifestohet në dashuri, gëzim, paqe, durim, mirëdashje, zemërbutësi, besim dhe

vetpërmbajtje. "Në dashuri nuk ka frikë. Madje dashuria e përsosur e nxjerr jashtë frikën, sepse frika ka të bëjë me ndëshkimin. Dhe ai që ka frikë nuk është i përsosur në dashuri" (1 Gjonit 4:18).

E. Ne besojmë në rrugën e mesme. Ne përpiqemi që t'i shmangim ekstremet e dy anëve në shumë çështje. Ne fokusohemi më pak në detajet e ekstremeve dhe më shumë në ekuilibrin e së mesmes, sa herë që është e mundur.

3. Ungjillizim i zjarrtë

Ungjillizimi i zjarrtë është përgjigjja jonë për dashurinë dhe hirin e Jezusit për njerëzimin. Kisha e Nazaretasit i kishte fillimet e saj në një ungjillizim të zjarrtë. Kjo vazhdon të jetë zemra e asaj që ne jemi. Në thirrjen e tij për ungjillizim, Phineas Bresee (Fineas Brezi), Mbikqyrësi i parë i Përgjithshëm i Kishës së Nazaretasit, tha: "Ne do të jemi borxhlinj ndaj çdo njeriu që do t'i shpallim ungjillin, në të njëjtën masë që ne e kemi marrë atë." Ne përqëndrohemi të ndihmojmë njerëzit të zbulojnë një besim shpëtues personal në Jezus Krishtin.

A. *Ungjillizimi i zjarrtë* ishte modeluar nga Jezusi.

- "Por duke parë turmat, pati dhembshuri për ta, sepse ishin të lodhur dhe të shpërndarë si delet që nuk kanë bari. Atëherë u tha dishepujve të vet: ' E korra është me të vërtetë e madhe, por punëtorë janë pak. Lutjuni, pra, Zotit të të korrave, që të dërgojë punëtorë në të korrat e tij'" (Mateu 9:36–38).
- Jezusi tha, "A nuk thoni ju se ka edhe katër muaj dhe vjen e korra? Ja, unë ju them: Ngrini sytë tuaj dhe shikoni fushat. Sepse ato janë tashmë të bardha për korrjen" (Gjoni 4:35).

B. *Ungjillizimi i zjarrtë* ishte me porosi të Jezusit:

- "Dhe u tha atyre: 'Shkoni në mbarë botën dhe i predikoni ungjillin çdo krijese'" (Marku 16:15).
- Dhe u tha atyre: "Sepse kështu është shkruar dhe kështu duhet të vuante Krishti dhe të ngjallej prej së vdekurish ditën e e tretë, dhe të predikohej në emrin e Tij pendimi dhe falja e mëkateve ndër të gjitha kombet duke filluar nga Jerusalemi" (Luka 24:46-47).

C. *Ungjillizimi i zjarrtë* ishte nisur nga Jezusit:

- "Dhe ky ungjill i mbretërisë do të predikohet në gjithë botën si një dëshmi për gjithë kombet, dhe atëherë do të vijë mbarimi" (Mateu 24:14).
- "Vjedhësi nuk vjen veçse për të vjedhur dhe për të vrarë e për të shkatërruar: Unë kam ardhur që të kenë jetë e ta kenë me bollëk" (Gjoni 10:10).

D. *Ungjillizimi i zjarrtë* është me fuqi nga Fryma e Shenjtë:

- Ai na fuqizoi individualisht dhe së bashku për të jetuar dhe dëshmuar shenjtërinë.
- "Por do të merrni fuqi kur Fryma e Shenjtë do të vijë mbi ju dhe do të më bëheni dëshmitarë në Jerusalem dhe në gjithë Judenë dhe Samarinë dhe deri në skajin e dheut" (Veprat 1:8).

E. *Ungjillizimi i zjarrtë* është rezultat i Frymës së Shenjtë:

- Jeta e tij në ne është e dukshme dhe prodhuese.
- "Por fryti i Frymës është dashuria, gëzimi, paqja, zemërgjerësia, mirëdashja, mirësia, besimi, zemërbutësia, vetëpërmbajtja. Kundër tyre nuk ka ligj. Por ata që janë të Krishtit e kanë kryqëzuar mishin bashkë më pasionet dhe epshet. Në qoftë se rrojmë në Frymë, në Frymë edhe le të ecim" (Galatasit 5:22–23).

F. *Ungjillizimi i zjarrtë* sjell jetë dhe energji të re si në individët, ashtu edhe në kishë.

- Prandaj nëse dikush është në Krishtin, është një krijesë e re; të vjetrat shkuan; ja, të gjitha u bënë të reja! (2 Korintasve 5:17).
- Dhe Zoti i shtonte kishës çdo ditë ata që ishin shpëtuar (Veprat 2:47b).

G. *Ungjillizimi i zjarrtë* është një shprehje e bindjes sonë ndaj Jezusit:

- Një nga faktet më të pamohueshme të fuqisë transformuese të ungjillit është jeta e Palit.

- Në një nga dëshmitë e tij, apostulli tha: "Unë u jam borxhli grekëve dhe barbarëve, të urtëve dhe të paditurve. Kështu, aq sa varet nga unë, jam gati t'ju predikoj ungjillin edhe juve që jeni në Romë. . . Sepse, unë nuk kam turp për ungjillin e Krishtit, sepse ai është fuqia e Perëndisë për shpëtimin e cilitdo që beson, më parë judeun e pastaj grekun." (Romakët 1:14–16).

H. Dashuria për Krishtin është pika jonë hyrëse në Porosinë e Madhe (Mateu 28:19-20)—e ndjekur nga edukimi dhe pajisja:

- Si rrjedhojë, çdo njeri duhet të njohë Jezus Krishtin.
- Kështu, çdo njeri, përfshirë edhe atë më pak të talentuarin në teknika apo metoda, duhet t'i përgjigjet në mënyrë të zjarrtë dhe të flasë për Krishtin me vendosmëri.

I. *Ungjillizimi i zjarrtë* na fton të mbështetemi në fuqinë e Fjalës së Perëndisë, e cila na shtyn që të ndajmë lajmin e mirë të shpëtimit me të tjerët:

- Ne studiojmë Biblën me besim; pastaj u tregojmë të tjerëve atë që Fjala e Perëndisë na thotë.
- Fuqia e mesazhit të ungjillit u flet zemrave të burrave dhe grave, djemve dhe vajzave, të cilët kanë nevojë për një marrëdhënie të ripërtërirë me Perëndinë.
- Jezusi është Ai që na jep shembullin. "Sepse Biri i njeriut erdhi të kërkojë dhe të shpëtojë atë që kishte humbur" (Luka 19:10). "Dhe në një nga ato ditë ndodhi që, ndërsa Jezusi po mësonte popullin në tempull dhe predikonte ungjillin..." (Luka 20:1).

J. *Ungjillizimi i zjarrtë* na shtyn ne që ta njohim Krishtin plotësisht:

- Tregon se kush jemi ne, stilin tonë të jetës. Pasioni ynë për jetën nuk është më i madh sesa pasioni ynë për të ungjillizuar. Duke zgjedhur të jetojmë, ne zgjedhim të ungjillizojmë.
- Provon atë që ne dimë. Ashtu si burri i verbër i cili kur u shërua nga Jezusi dëshmoi thjesht, "Në është mëkatar nuk e di, por një gjë e di. Që isha i verbër dhe shoh tani!" (Gjoni 9:25).

- Ajo provon se sa mirënjohës duhet të jemi për këtë privilegj. "Falas morët, falas jepni" (Mateu 10:8b).

K. *Ungjillizimi i zjarrtë* na motivon të dishepullizojmë:

- Përgjatë udhëtimit tonë të jetës, ne kërkojmë që të ndikojmë tek njerëzit që njohim si dhe tek ata që nuk i njohim, duke ndarë rrugën tonë të besimit.
- Çdo ndjekës i Krishtit duhet të jetë i mbushur plot me pasion në marrëdhënien e tij ose të saj me Perëndinë, në mënyrë që kur të ndajë me të tjerët dëshminë e tij personale, bashkëbisedimi të rrjedhë natyrshëm.

L. *Ungjillizimi i zjarrtë* frymëzon krijimtarinë tonë:

- Mjetet - disa shembuj mund të jenë: filmi i Jezusit, lojra ungjillizimi me top, lojra ungjillizimi me kuba etj.
- Metodat - shumë metoda, një mesazh.
- Strategjitë - ungjillizim masiv, ungjillizim në miqësi dhe personal, në grupe të vogla, në zonat urbane si dhe shumë të tjera.

4. Dishepullizimi i qëllimshëm

A. Jezusi i kërkoi kishës që në *mënyrë të qëllimshme* të bënte dishepuj.

- "Shkoni, pra, dhe bëni dishepuj në të gjithë kombet duke i pagëzuar në emër të Atit e të Birit e të Frymës së Shenjtë, duke i mësuar të mbajnë të gjitha sa ju kam urdhëruar. Dhe ja, Unë jam me ju gjithë ditët, deri në mbarim të botës" (Mateu 28:19-20).
- Kisha ka një *metodë të qëllimtë* kur kërkon të bëjë dishepuj si Krishti.
- Dishepujt si Krishti janë ata njerëz që qëndrojnë në Krishtin, rriten në ngjashmëri me Krishtin dhe bëjnë ato që bën Ai. Ata e mohojnë veten e tyre, e duan dhe i binden Perëndisë me të gjithë zemrën, shpirtin, mendjen dhe forcën e tyre (Marku 12:30, Gjoni 15, Luka 9).
- Dishepullizimi miqësor *i qëllimshëm* është të ndihmuarit e njerëzve që të zhvillojnë një marrëdhënie personale bindjeje me Jezusin. Në

këto marrëdhënie, Fryma e Krishtit transformon karakterin e tyre në ngjashmëri me Krishtin - duke ndryshuar vlerat e besimtarëve të rinj në vlera për mbretërinë dhe duke i përfshirë ata në misionin e Tij për të investuar në të tjerët në shtëpitë e tyre, kishat, dhe në botë.

B. Ne fillojmë duke drejtuar individët në një marrëdhënie personale me Jezus Krishtin.

- Udhëtimi në besim fillon me rrëfim të mëkatit dhe falje nga hiri përmes besimit në Jezus Krishtin.
- Këto krijesa të reja në Krishtin janë rigjeneruar dhe birësuar në familjen e Perëndisë.
- Rigjenerimi çon në zemra të ndryshuara dhe në një stil jetese të ndryshuar, dëshmi të hirit të Perëndisë tek ata që njohin.
- Menjëherë, ne i ushqejmë këta besimtarë të rinj të komunitetit të besimit, duke i mësuar që nga fillimi që ata nuk janë shpëtuar vetëm për veten e tyre, por edhe për ata njerëz të tjerë, tek të cilët ata do të ushtrojnë ndikimin e tyre për t'i drejtuar tek Krishti. Ata do të bëhen dishepuj-bërës dhe do të dishepullizojnë të tjerë dhe këta të fundit do të bëhen dishepuj-bërës gjithashtu.
- Dishepullizimi nënkupton të ndihmosh dikë të ndjekë Jezusin gjithmonë e më shumë.

C. Ne, në *mënyrë të qëllimshme,* rrisim dishepuj si Krishti përmes një shërbese të fortë nga podiumi.

- Pastorët tanë predikojnë predikime strukturuese se si të rriten në besim në Krishtin.
- Pastorët tanë predikojnë predikime që kanë bazë biblike dhe i ushqejnë njerëzit e tyre drejt një rritje dhe urie të madhe për Biblën.
- Pastorët tanë lejojnë Fjalën e Perëndisë të bëhet baza e të gjitha përpjekjeve dishepullizuese.
- Pastorët tanë u mësojnë njerëzve të tyre se si të studiojnë Biblën, të mendojnë se çfarë nënkupton Fjala dhe si ta aplikojnë atë në jetët e tyre.
- Pastorët tanë përpiqen që të predikojnë përgjatë gjithë vitit tema të ndryshme.

- Pastorët tanë mbështeten në Frymën e Shenjtë të Perëndisë që të gjallërojë gjithçka që ata bëjnë për të qënë e gjitha në balancë për të formuar dishepuj si Krishti.
- Jezusi u predikoi turmave dhe u kujdes t'i mësonte dishepujt në grup të vogël.
- Jezusi gjithmonë predikonte duke u treguar njerëzve shëmbëlltyra (histori) në mënyrë që ata të mësonin (Marku 4:34).

D. Ne nxisim grupet e Shkollës të së Dielës që ushqejnë dhe rrisin dishepuj si Krishti.

- Mësuesit e Shkollës të së Dielës mësojnë mësime që kanë si qëllim bërjen e dishepujve si Krishti në shpjegimin e Shkrimit dhe në zbatimin e tyre në jetë.
- Mësuesit e Shkollës të së Dielës janë të interesuar që të ndihmojnë besimtarët e rinj pas takimit, për t'ju përgjigjur pyetjeve rreth besimit të krishterë dhe për t'i inkurajuar ata të rriten në hirin e Perëndisë.
- Sistemi ynë i Shkollës të së Dielës ofron programe duke filluar nga fëmijët e vegjël deri tek të moshuarit; ai siguron qëllim dhe vazhdimësi të materialit që studiohet në tërë Biblën në një mënyrë të organizuar. "Mësoji fëmijës rrugën që duhet të ndjekë dhe ai nuk do të largohet prej saj edhe kur të plaket" (Fjalët e Urta 22:6).

E. Ne formojmë grupe të vogla për studimin e Biblës që inkurajojnë përgjegjësinë.

- Studimet e Biblës në grupe të vogla, sigurojnë përgjegjësi si në grup ashtu edhe tek e tek për besimtarët e rinj dhe për ata të kalitur në besim.
- Në grupet e vogla krijohen dhe rriten marrëdhënie të shëndetshme me njëri –tjetrin, që shkojnë përtej takimeve të zakonshme dhe që bëhen pjesë e mënyrës së jetesës.
- Këto grupe të studimit ofrojnë një përzierje të studimit të Biblës me ndërveprim social që është i rëndësishëm për rritjen në hir.
- Grupet e vogla të dishepullizimit kthehen në sisteme mbështetëse për jetën së bashku përtej së Dielës.

F. Ne inkurajojmë rritje shpirtërore për dishepujt si Krishti përmes një programi të mirëplanifikuar në kishë.

- Pyetje-përgjigje të shpejta rreth Biblës.
- Shërbesa e fëmijëve "Karavan".
- Java biblike.
- Programet gjatë periudhës së Krishtlindjes dhe Pashkës.
- Përpjekjet e shërbesës së dhembshurisë.
- Shërbesa e dishepullizimit tek të tjerët.
- Në takimet e burrave, grave, të moshuarve, të beqarëve, të njerëzve në nevojë, të skuadrave sportive, si dhe të llojeve të tjera, njerëzit inkurajohen që të krijojnë lidhje me Krishtin dhe më kishën e Tij.

G. Ne nxisim besimtarët të përdorin të gjitha mjetet në dispozicion për të rritur dhe për të zhvilluar besimin e tyre.

- Lexoni Biblën me Bibël studimi, dëgjoni Biblën në formatin audio.
- Lutuni çdo ditë.
- Dëgjoni muzikë të krishterë.
- Lexoni literaturë të krishterë.
- Gjej një person të besuar, i cili do të lutet përditë për ju, që të bëheni si Krishti.
- Gjej një person të besuar, i cili ju do aq shumë, saqë mund t'ju vendosë para pyetjeve të vështira.
- Zhvillo brenda vetes disiplinën e të treguarit të tjerëve rreth asaj që Perëndia është duke bërë në jetën tënde.

H. Ne i inkurajojmë besimtarët të mësojnë të kërkojnë përditë praninë e Perëndisë.

- Ne e përshkruajmë jetën e krishterë si një marrëdhënie të afërt personale me Zotin dhe Shpëtimtarin tonë, Jezus Krishtin.
- *Dishepujt e qëllimshëm* rriten më së miri në ngjashmëri me Krishtin kur ata kalojnë kohë me Atë.
- Kështu, ne dëgjojmë në mënyrë të përditshme zërin e Krishtit, ne ushqehemi përditë në Fjalën e Tij; ne kënaqemi përditë në prezencën e Tij.

- Dishepujt si Krishti, në mënyrë të qëllimshme e kërkojnë Atë dhe janë të gatshëm të flasin për Të me të gjithë ata që takohen.

I. Ne i inkurajomë dishepujt që të bëjnë dishepuj në *mënyrë të qëllimshme*.

- Perëndia na porositi dhe na dha autoritetin të bëjmë dishepuj (Mateu 28:19-20).
- Me lutje, ne i kërkojmë një të krishteri të pjekur që të na dishepullojë ose këshillojë në *mënyrë të qëllimshme*.
- Me lutje, ne ftojmë një grup tjetër të vogël besimtarësh që të bëhet pjesë e grupit tonë dishepullizues.
- Ne investojmë një pjesë të jetës tonë tek këta dishepuj kur kërkojmë Zotin sëbashku.
- Metodat me në qendër historinë, për mësimin e Biblës në grupet e vogla, sigurojnë një themel biblik të fortë për të aftësuar dishepujt të mësojnë Biblën dhe ta përcjellin mesazhin e saj tek grupi i njerëzve ku ata kanë ndikim.
- Lutja, Fjala e Perëndisë dhe ndihmesa në *mënyrë të qëllimshme* për njëri-tjetrin, për të qënë më shumë si Krishti, janë karakteristika të një dishepullizimi dinamik në kishë.

5. Zhvillimi i kishës

A. Kisha e krishterë filloi me Jezus Krishtin, i cili filloi komunitetin e parë të besimit.

- Komuniteti i besimit mblidhej rregullisht në adhurim për Zotin.
- Pastaj ai filloi të rritej dhe shumohej ndërkohë që kisha të reja u ngritën përmes udhëtimit të parë misionar të Palit dhe Barnabas (Veprat 13-14).

B. Pali ndërmori një udhëtim të dytë misionar, duke pasur si synim ngritjen e kishave të reja, por Fryma e Shenjtë e dërgoi atë në një drejtim tjetër (Veprat 16).

- Ne duhet të jemi gjithmonë të hapur për vizionin e ri të Perëndisë për punën e Tij dhe të jemi të udhëhequr nga Fryma e Shenjtë.

- Palit i'u shfaq një vegim. Ky vegim nuk i erdhi nga njerëzit e tjerë apo nga ndonjë studim i komunitetit. Erdhi nga zemra e Perëndisë. Vizioni ynë për mbjelljen e kishave të reja duhet të vijë nga zemra e Perëndisë, gjithashtu.
- Palit i'u shfaq në vegim një burrë. Nuk ishte një vegim në letër, një strategji, një parullë, një diagram apo një program. Vegimi i Palit kishte të bënte me njerëzimin e humbur. Vizioni ynë për mbjelljen e kishave të reja duhet të qëndrojë qartësisht i fokusuar në njerëzit e humbur, që kanë nevojë për një marrëdhënie me Jezus Krishtin.
- Palit i'u shfaq në vegim një burrë nga Maqedonia. Ky ishte një person nga një vend i caktuar, me një kulturë, gjuhë dhe histori të caktuar. Perëndia do të na japë një vizion të një grupi të caktuar njerëzish apo komuniteti, gjithashtu. Ne kemi nevojë që të zbulojmë dhe t'i bindemi vizionit të Perëndisë për ne.
- Palit i'u shfaq në vegim një burrë nga Maqedonia që qëndronte para tij. Ky person nuk ishte inferior ndaj Palit. Ne shikojmë njëri-tjetrin sy më sy. Ky person të cilit unë po i shpall ungjillin, duhet të ketë respektin tonë.
- Palit i'u shfaq në vegim një burrë nga Maqedonia që qëndronte para tij dhe i thoshte: "Kalo në Maqedoni dhe na ndihmo!" Ky lloj vegimi na shkund ne. Ne duhet të shkojmë në qytetet tona, lagjet, pallatet, fiset dhe familjet. Ne duhet të sjellim Krishtin në botën tonë.

C. Vizioni apo vegimi i Perëndisë përfshinte një udhëheqje hyjnore të vazhdueshme, ndërkohë që Ai shpaloste planin e tij të *zhvillimit të kishës* tek Pali.

- Burri i Maqedonisë na doli që ishte një grua. Lidia nga Filipi ishte personi që hapi zemrën nga kjo mundësi e shërbimit.
- Pali gjeti dëgjuesit më të devotshëm në një grup grash, të cilat ishin duke u lutur pranë lumit.
- Madje në vend që të përdorte një sinagogë të judenjve si në kishat e para që kishte nisur, Pali e fillon punën e tij në një shtëpi.
- Lidia, një tregëtare të purpurtash, drejtonte këtë kishë-shtëpi.
- Strategjitë për *zhvillimin e kishës* jo domosdoshmërisht mund të përfshijnë modele të provuara më parë.

D. Kishë-mbjellja kërkon sakrificë të madhe.

- Përpjekjet për shërbesë të Palit dhe Silas, bënë që ata të shkonin në burg. Ata e bënë këtë sakrificë personale vullnetarisht. Ata i këndonin himne Perëndisë ndërkohë që vuanin për shkak të Tij (Veprat 16:25).
- Edhe sot e kësaj dite, ka drejtues kishash dhe ndjekës të Jezusit që paguajnë të njëjtin çmim kur nisin kisha të reja. Të nisësh një kishë të re, kërkon shumë kohë në lutje, lot, përpjekje, para dhe ndonjëherë edhe gjakderdhje.
- Pavarësisht vështirësive personale të Palit dhe Silas, një kishë e re lulëzoi, si pasojë e ngjarjes me rojën e burgut filipian, që u bë pastori i ri.

E. Ne duhet të jetojmë në praninë e Perëndisë, në mënyrë që të kuptojmë që Fryma e Shenjtë po banon në ne pavarësisht situatave.

- Pali dhe Sila nuk i panë rrahjet dhe netët në burg si një humbje personale. Për më tepër, ata përjetuan Frymën e Perëndisë që po u jepte fitore pavarësisht situatave negative.
- Pali dhe Sila e dinin që ata ishin drejtuar nga Fryma e Perëndisë; ata e dinin që Ai do të kujdesej personalisht për ata.
- Tërmeti që goditi burgun në Filipi na kujton që Perëndia është akoma i përfshirë në situata të tilla si këto (Veprat 16:25-26). Ai nuk na harron ne kur përpjekjet tona në shërbesë janë të vështira.
- Kur ne i bindemi Perëndisë dhe bëjmë vullnetin e Tij në kohën e Tij, Perëndia do të ndërhyjë me fuqi madhështore. Kur e keqja pengon përparimin e mbretërisë së Perëndisë, Perëndia ka fjalën e fundit.
- Nuk jemi ne ata që po e ndërtojmë apo përparojmë mbretërinë e Perëndisë; Perëndia është duke e ndërtuar mbretërinë e Tij.

F. Strategjitë e *zhvillimit të kishave* kanë ndryshuar përgjatë historisë së kishës.

- Kisha e krishterë nuk ndërtoi asnjë kishë gjatë 400 viteve të para të historisë së kishës.
- Konceptet e dedikimit të ndërtesave të kishës, pronës, dhe pastorëve më kohë të plotë u shfaqën më vonë.

- Në Kishën e Nazaretasit, ne gjejmë këtë përkufizim për kishën: Çdo grup i cili takohet në mënyrë të rregullt për rritje shpirtërore, adhurim, apo mësim në një kohë dhe vend të caktuar, me një drejtues të njohur, që shpall mesazhin dhe misionin e Kishës së Nazaretasit, mund të njihet si kishë dhe të raportohet si e tillë për statistika të distriktit apo të kishës së përgjithshme (Këshilli i Mbikqyrësve të Përgjithshëm). Me fjalë të tjera, kisha është një grup besimtarësh, jo një ndërtesë apo pronë.
- Fryma e Shenjtë po e drejton kishën të riprodhojë veten në një mënyrë krejt të re.
- Çdo kishë po inkurajohet të mbjellë një kishë bijë.
- Këto kisha bija takohen në shtëpi apo në vende të tjera.
- Çdo pastor do të këshillojë një pastor me më shumë se një punë, i cili është pjesë e edukimit shërbesor.
- Ky model nuk kërkon fonde për të nisur një kishë bijë; personat joklerikë mund t'i përgjigjen thirrjes së Zotit për të ndihmuar në nisjen e një kishe të re.
- Ky model e lejon Zotin që të rrisë kishën e Tij në vende të reja anekënd botës; Ai vetëm ka nevojë për zemra të hapura për të kapur vizionin e Tij, t'i përgjigjen thirrjes dhe ta lejojnë Perëndinë që t'i drejtojë.

G. Qëllimi i *zhvillimit të kishës* është për të arritur njerëz të rinj për Jezus Krishtin.

- Jezusi tha, "Më duhet ta shpall lajmin e mirë të mbretërisë së Perëndisë edhe në qytete të tjera, sepse për këtë jam dërguar" (Luka 4:43).
- Ne jemi ambasadorë të mbretërisë së Perëndisë, që dedikojmë jetët tona në *zhvillimin e kishës.*
- Përpjekjet tona nuk kanë për qëllim mbështetjen e organizatës.
- Ne duam që sa më shumë njerëz të kenë njohurinë shpëtuese të Jezus Krishtit.
- Ne duam që më pas t'i dishepullizojmë këta besimtarë të rinj në imazhin e Krishtit.

- Jezusi u tha atyre, "Ngrini sytë tuaj dhe shikoni fushat, sepse ato janë tashmë të bardha për korrjen" (Gjoni 4:35).

6. Udhëheqje transformuese

A. Ne kërkojmë që të rrisim drejtues përmes modelit në ngjashmëri me Krishtin. Jezusi është shembulli ynë. Atëherë një *udhëheqës që transformon* është një udhëheqës si Krishti.

B. *Udhëheqësit transformues* janë të nënshtruar dhe të përulur.

- Ata ndjekin Jezus Krishtin, i cili e përuli veten për vullnetin e Atit (Filipianët 2:5-8).
- Ata qëndrojnë plotësisht në Zotin që u përgjigjet lutjeve të tyre dhe siguron sipas nevojave të tyre (Gjoni 15:7).
- Ata i nënshtrohen njëri-tjetrit dhe mendojnë më pak për veten e tyre (Efesianët 5:21).

C. *Udhëheqësit transformues* janë shërbyes.

- Ata ndjekin shembullin e Jezus Krishtit, i cili nuk erdhi që t'i shërbejnë, por për t'u shërbyer të tjerëve (Mark 10:45; Mateu 20:28).
- Ata drejtojnë sipas kësaj fryme dhe sipas këtij shembulli të shërbimit (Filipianët 2).

D. *Udhëheqësit transformues* janë vizionarë.

- "Kur nuk ka një vizion profetik, populli bëhet i shfrenuar" (Fjalët e urta 29:18).
- "Pastaj Zoti m'u përgjigj dhe tha: 'Shkruaje vegimin dhe gdhende mbi rrasa, që të mund të lexohet lirshëm'" (Habakuku 2:2).
- Jezusi na dha një vegim të mbretërisë së Perëndisë; ne duhet të bëjmë të njëjtën gjë nëse duam që njerëzit të na kuptojnë.
- Kjo karakteristikë është një faktor dallues midis një ndjekësi dhe një drejtuesi. Udhëheqësit vizionarë kërkojnë vizionin e Perëndisë për kishën dhe komunitetin, si dhe ua kalojnë atë të tjerëve.

E. *Udhëheqësit transformues* mendojnë strategjikisht.

- Ata kanë aftësinë që ta përkthejnë vizionin që është për komunitet e tyre, në instrumenta për mbretërinë e Perëndisë.
- Ata i kuptojnë rrethanat e kohëve të sotme dhe gjejnë përgjigje biblike, ashtu siç bënë edhe bijtë e Isakarit (1 Kronikave 12:32).
- Ata parashikojnë shpirtrat që duhet të fitohen për mbretërinë e Perëndisë.
- Ata e kthejnë vizionin në hapa veprimi që mobilizojnë besimtarët për të shkuar në fusha për korrjen.
- Ata janë të aftë për të vendosur vizionin dhe misionin në plane të thjeshta, por efektive për mbretërinë (Luka 14:28-30).

F. *Udhëheqësit transformues* janë formues skuadrash.

- Jezusi është modeli ynë; Ai formon skuadrën dhe e fuqizon, e dërgon atë për shërbesë në vend që të bëjë gjithçka vetë. (Mateu 10).
- Dishepujt e Jezusit ishin njerëz të zakonshëm, por ata e kthyen botën përmbys (Veprat 17:6).
- *Udhëheqësit transformues* formojnë skuadra që përfshijnë çdo njeri në kishë të punojë për mbretërinë e Perëndisë.

G. *Udhëheqësit transformues* veprojnë në mënyrë të drejtpërdrejtë me dhembshuri.

- Kur Jezusi i nisi dishepujt e Tij për ungjillizim, Ai i udhëzoi ata të ishin "të mençur si gjarpërinjtë dhe të pastër si pëllumbat" (Mateu 10:16).
- *Udhëheqësit transformues* duhet të dinë sesi të kenë në ekuilibër hirin dhe ligjin, drejtësinë dhe mëshirën, të gjitha me shenjtërinë.
- Ata duhet të jenë vendimmarrës të zgjuar që i përmbahen vendimeve të tyre.
- Sidoqoftë, vendimet e tyre duhet të jenë me karakter të dhembshurisë.
- Ata duhet të thonë të vërtetën me dashuri (Efesianët 4:15).

H. *Udhëheqësit transformues* komunikojnë qartësisht.

- Gjatë shërbesës së Tij në botë, Jezusi shpesh thoshte; ai që ka "veshë për të dëgjuar, le të dëgjojë" (Mateu 13:43). Jezusi donte që ndjekësit e Tij ta dëgjonin rregullisht dhe vazhdimisht.
- *Udhëheqësit transformues* duhet të përpiqen të flasin me të njëjtën qartësi dhe saktësi si Jezus Krishti.
- *Udhëheqësit transformues* e kuptojnë rëndësinë e një komunikimi të qartë, të vazhdueshëm dhe imponues: "Sepse, po të japë boria një zë të panjohur, kush do të përgatitet për betejë?" (1 Korintasve 14:8)

I. *Udhëheqësit transformues* fuqizojnë të tjerët për të ngritur një gjeneratë të re që do të udhëheqë mbretërinë.

- Stili i udhëheqësisë së Jozueut dështoi në formimin e brezit të ri të drejtuesve; ai udhëhoqi vetëm brezin e tij (Gjyqtarët 2:10).
- *Udhëheqësit transformues* nuk ndërtojnë mbretëri për të qëndruar vetë në to; ata edukojnë si brezin e tanishëm, ashtu dhe atë që do të vijë.
- Ata gjejnë, trajnojnë, dhe rrisin mentorë, të cilët pajisin, fuqizojnë dhe nxjerrin drejtues për hir të mbretërisë së Perëndisë.
- Asnjë udhëheqësi nuk është e suksesshme pa një udhëheqje të mëpashme të sukseshme. "Dhe ato që dëgjove nga unë përpara shumë dëshmitarëve, besojua njerëzve besnikë, që do të jenë të aftë të mësojnë edhe të tjerë" (2 Timoteut 2:2).

7. Dhembshuri e qëllimshme

A. *Dhembshuria e qëllimshme* tregon zemrën e dashur të Perëndisë.

- Dërgimi i Birit të Perëndisë në botë dhe Jezusi që vdes në favor të njerëzimit, janë dhurata të vendimtare të dashurisë dhe dhembshurisë së Perëndisë.
- Gjoni 3:16-17, na tregon që Perëndia e dha Birin e Tij për ne, për shkak të dashurisë së Tij të pafundme, në mënyrë që ne të kemi jetën e përjetshme. Në mënyrë të ngjashme, edhe 1 Gjonit 3:16-17 na tregon që dashuria e Perëndisë për njerëzimin është e shprehur në aktin e dhembshurisë së besimtarëve ndaj krijimit të Perëndisë.

- Jeta, shërbesa, vdekja dhe ringjallja e Jezusit ilustron një njeri që ka dhembshuri për të tjerët dhe për botën (Mateu 9:36).

B. *Dhembshuria e qëllimshme* bëhet gjithmonë në emër të Jezusit.

- Jezusi është modeli ynë i dhembshurisë. Në Ungjijtë, Jezusi ishte i prekur në njeriun e përbrendshëm për të "vuajtur" me njerëzimin.
- Jezusi, në veçanti, veproi në dhembshuri, plot dashuri dhe kujdes për ata që ishin të varfër, të humbur, të sëmurë, periferikë dhe të dobët.
- Jezusi që është plotësisht Perëndi dhe plotësisht njeri, është modeli ynë se si të jetojmë dhe të dashurojmë.
- Çdo vepër shërbimi, bujarie apo mëshirë ne e bëjmë në emër të Jezusit, duke u përpjekur për të treguar dashurinë e Jezusit (Mateu 10:42).

C. *Dhembshuria e qëllimshme* respekton dinjitetin e çdo personi.

- Populli i Perëndisë ofron shpresë, dashuri dhe ndihmë në emër të Jezusit në mënyra që nderojnë secilin si dikë që është bërë në imazhin e Perëndisë, si krijesa e Perëndisë.
- Dhembshuria nuk ka motiv tjetër përveçse të tregojë dashurinë e Perëndisë në Krishtin.

D. *Dhembshuria e qëllimshme* rrjedh natyrshëm nga besimtarët e ndryshuar.

- Kisha është e thirrur që të përqafojë dashurinë dhe dhembshurinë e Perëndisë në botë.
- Puna e dhembshurisë nuk mund të përfundohet asnjëherë vetëm me përpjekjet njerëzore apo të organizatave shoqërore.
- Si Trupi i Krishtit, thirrja jonë për dhembshuri prek të gjitha zonat e jetës në një mënyrë të plotë, të formuar përmes jetës së Jezusit dhe udhëheqjes së Frymës së Shenjtë.
- Fryma e Shenjtë transformon zemrat e besimtarëve, të cilët në këmbim, punojnë për të sjellë transformim fizik, social dhe shpirtëror në botën tonë.
- Dhembshuria mendohet të jetë një pjesë tërësore dhe aktive në jetën dhe shërbesën e çdo kongregacioni.

E. *Dhembshuria e qëllimshme* është përkufizimi Ueslian i misionit tërësor.

- Ne jemi dërguar nga Perëndia At dhe të fuqizuar nga Fryma e Shenjtë për të shkuar në botë dhe për t'i shërbyer Perëndisë.
- Ne besojmë që Ati është tashmë duke punuar me fuqinë e Frymës në jetën e çdo personi dhe ne jemi thirrur që të vazhdojmë këtë punë të nisur mirë.
- Ungjillizimi i vërtetë na thërret të përkushtohemi për t'u bërë pjesë e jetës së njerëzve përreth nesh.
- Ne emër të Jezusit, ne i afrohemi më afër të vuajturit dhe zemërthyerit, dhe ne kërkojmë që t'u sjellim shërim, shpresë, paqe dhe dashuri personave që janë në nevojë, në periferi dhe të pambrojtur.
- Ne ecim drejt njëri-tjetrit në miqësi plot dashuri dhe në komunitet, duke pasur pasoja sociale. Kjo është gjithashtu mënyra sesi Perëndia ndërton dhe zgjeron Trupin e Krishtit.

F. *Dhembshuria e qëllimshme* rrjedh nga jetët tona si një tregim i përkushtimit tonë ndaj misionit të Perëndisë për të shpenguar botën e thyer.

- Ne kërkojmë që të shikojmë, dëgjojmë dhe t'i përgjigjemi njerëzimit zemërthyer dhe të lënduar në të njëjtën mënyrë që vepron edhe Perëndia.
- Ne kërkojmë që të investojmë të gjitha burimet që kemi në dispozicion për të lehtësuar dhimbjet njerëzore dhe për të kërkuar planin e Zotit në restaurimin, plotësimin, shpëtimin dhe paqen në botë dhe për botën.
- Ne përpiqemi më tej të ndreqim sistemet shoqërore që veprojnë në cikle, të cilat krijojnë struktura të padrejtësisë që kontribuojnë në shtypjen e popujve dhe në të keqen sistemike në botë. Ne e bëjmë këtë në emër të Jezus Krishtit.
- Ne kërkojmë me të gjitha mënyrat që të ndihmojmë në përmbushjen e misionit të Perëndisë, për t'i sjellë lavdi Zotit (Mikea 6:8).

TEOLOGJIA UESLIANE

Mrekullia e Hirit Transformues

"Hiri që është më i madh se të gjitha mëkatet tona." Çfarë mendimi i mrekullueshëm! Dhe kjo nuk është gjë tjetër veçse rreshti i parë i një himni.

Në Jezusin, Perëndia u bë mish dhe veproi i sigurt për të pajtuar botën me veten e Tij (Gjoni 3:15-16; Romakët 1:1-16). Ndërkohë që ne ishim akoma mëkatarë, Perëndia e ofroi Birin e Tij "si një sakrificë shlyese" për mëkatin (Romakët 3:25). Zoti i krijimit mori mbi veten e Tij mëkatin e botës, në mënyrë që të siguronte shpëtimin për të gjithë ne!

Në Krishtin Jezus, drejtësia e Perëndisë - shpëtimi i Tij – u manifestua (Romakët 3:21). Po të mos ishte për këtë veprim të Perëndisë, i gjithë njerëzimi do të ishte larg pa shpresë nga Perëndia (Efesianët 1:5-2:10). Ashtu siç është, të gjitha pushtetet që do të na ndaninim nga Perëndia kanë qënë mposhtur (Kolosianët 2:15). Tani, "nëpërmjet besimit në Jezus Krishtin" (Romakët 3:22), ne jemi të çliruar (Romakët 8:2)!

Dhjata e Re formon një himn lavdërimi të vazhdueshëm Perëndisë, i cili jep bujarisht pasuritë e Tij për ne (Efesian. 1:6-10). Në Krishtin, e gjithë plotësia e Perëndisë banon trupërisht, dhe të gjithë ata që pranojnë Krishtin, do të bëhen të mbushur në Atë (Kolosianët 2:8-15). Pasi kishte përjetuar përfitimet e hirit të Perëndisë, Pali shpall: "O thellësi pasurie edhe e urtësisë dhe e diturisë së Perëndisë!" (Romakët 11:33). Disa nga këto pasuri mund të përshkruhen si: falja e mëkateve, Fryma që banon në ne, të qënit në imazhin e Krishtit, jeta e përjetshme, paqja me Perëndinë, shenjtërimi, miqësia e kishës, dhe shpresë për ardhjen e dytë të Zotit.

Kur Jezusi fliste, ajo që njerëzit dëgjuan ishte "lajmi i mirë", që do të thotë që Perëndia pajton falas mëkatarët me veten e Tij. Madje edhe një taksambledhës i urryer apo një grua e kapur për tradhti bashkëshortore, duke dëgjuar për dashurinë e Perëndisë, mund të pendohet, të falet dhe të kenë jetën e përjetshme. Perëndia e jep veten e Tij lirshëm, për të gjithë ata që e kuptojnë paaftësinë e tyre për të bërë gjithçka për të merituar favorin e Tij (Luka 15).

Kohë më parë se ne ta kuptojmë këtë, Fryma e Shenjtë është në punë, duke u përpjekur për të na afruar ne tek shpëtimi. Psalmisti thotë që nuk ka asnjë vend ku zëri i Perëndisë nuk dëgjohet (Psalmi 19:3). Pali na tregon që në çdo moment, i gjithë krijimi varet nga Krishti për ekzistencën e tij (Kolosianët 1:15-17). Gjoni shpall që Krishti ndriçon çdo njeri (Gjoni 1:9).

Në rastet e lidhura vetëm nga kreativiteti dhe besnikëria e Perëndisë, Fryma e Shenjtë punon si në historinë individuale, ashtu edhe sociale, për të hapur rrugë për ungjillin. Fryma e Shenjtë shkon përpara se Ungjilli të shpallet, duke përgatitur personin për ta dëgjuar atë - dhe fatmirësisht për të marrë - Lajmin e Mirë.

Në retrospektivë, të gjithë të krishterët mund të gjejnë mënyrën sesi Fryma e Shenjtë i solli ata pranë shpengimit të krishterë. Ne i referohemi si "Hiri Paraprirës" këtij dimensioni parapërgatitor të hirit të Perëndisë, ose si hiri që shkon përpara.

Perëndia është për ne. Çdo gjë që Perëndia e përmbushi përmes Birit të Tij, Ai na e ofron ne tani nëpërmjet Frymës së Shenjtë. Në të vërtetë, i gjithë krijimi përfiton nga shpëtimi që Ati përmbushi në Birin (Romakët 8:19-25).

Shfajësimi është fjala që ne përshkruajmë veprën hirplotë të Perëndisë, me anë të së cilës Perëndia aktualisht fal dhe pajton mëkatarët me veten. Shfajësimi - të kthehesh tek favori i Perëndisë - është nga hiri, nëpërmjet besimit.

Shfajësimi është vetëm një nga dimensionet e punës shpëtuese të Perëndisë. Një përfitim i dytë, është që Fryma e Shenjtë e Perëndisë banon në mëkatarin e penduar për të rrënjosur jetën e Perëndisë. Ai ose ajo ka lindur i ri - i ripërtërirë - nga Fryma e Perëndisë. Dhjata e Re e quan këtë realizim të ri të jetës shpirtërore si një krijesë të re, një lindje të re, lindje prej së larti, jetë të përjetshme, hyrje në mbretërinë e Perëndisë, ecje në një jetë të re, dhe jetë në Frymë.

Cilado qoftë gjuha, nëpërmjet mrekullisë së hirit hyjnor, Fryma e Shenjtë vjen të banojë në të krishterin dhe shkakton transformimin. Aty ku dikur kishte vdekje, tani ka jetë; ka paqe me Perëndinë, aty ku kishte luftë shpirtërore; ka shpresë aty ku kishte dëshpërim. Dhjata e Re shpall: "Prandaj nëse dikush është në Krishtin, është një krijesë e re; të vjetrat shkuan, ja, të gjitha u bënë të reja! Por të gjitha janë nga Perëndia" (2 Korintasve 5:17-18a).

Dhjata e Re flet për të krishterët që janë "në Krishtin" dhe për Krishtin që është në ta. Nga njëra anë, të krishterët tani janë të pajtuar me Perëndinë, sepse nëpërmjet besimit ata janë "në Krishtin" (Romakët 8:1), në Atë i cili pajton mëkatarët e penduar me Atin.

Por Dhjata e Re flet gjithashtu për Krishtin në ne si "shpresa e lavdisë" (Kolosianët 1:27). Nëpërmjet Frymës së Shenjtë, Krishti i ringjallur jep jetën e Tij - veten - në njerëzit e Tij. Ai banon në ta dhe mbjell brenda tyre frytet e Frymës (Galatasit 5:22-23).

"Por," shume pyesin, "realisht, çfarë lloj jete shpirtërore mund të kem unë si i krishterë? A nuk do të vazhdojnë zakonet e vjetra mëkatare të krijojnë modelin për jetën time? Apo, Fryma e Perëndisë që është brenda meje do të më ofrojë një jetë më të mirë? Dhjata e Re përgjigjet: "Sepse Ai në ju është më i madh se Ai në botë" (1 Gjon 4:4).

E njëjta fuqi që ngriti Jezus Krishtin nga vdekja - duke e bërë atë Fitues mbi vdekjen, ferrin, mëkatin dhe varrin - tani punon në ne nëpërmjet Frymës së Shenjtë (Efesian 1:19)! Dikur mbretëronin ligji i mëkatit dhe vdekjes. Por tani "ligji i Frymës së jetës në Krishtin Jezus më çliroi nga ligji i mëkatit dhe vdekjes" (Romakët 8:2).

Modeli i gëzimit për të gjithë të krishterët është që ata të mbushen me Frymën e Shenjtë, dhe që ata të jetojnë jo sipas mishit, por sipas Frymës (Romakët 8:1-8). A e keni përjetuar ju në jetën tuaj mrekullinë e hirit transformues të Perëndisë?

"Mrekullia e Hirit Transformues". Ese e marrë nga The Reflecting God Study Bible (Bibël Studimi) ® 2000. E drejta e Botimit të Biblës nga Zondervan Corporation dhe Esesë nga Beacon Hill Press of Kansas City. Me leje të botuesit. Të gjitha të drejtat të rezervuara

KISHA E NAZARETASIT
NENET E BESIMIT

Neni I
Perëndia Trini

Ne besojmë në një Perëndi që ekziston nga përjetësia, i pafund, krijuesi sovran dhe mbajtës i universit; se vetëm Ai është Perëndi, i shenjtë në natyrë, cilësi dhe qëllim. Perëndia që është dashuri e shenjtë dhe dritë është Trini në thelbin e qënies së Tij, i zbuluar si Ati, Biri dhe Fryma e Shenjtë.

Zanafilla 1; Levitiku 19:2; Ligji i përtërirë 6:4-5; Isaia 5:16; 6:1-7; 40:18-31; Mateu 3:16-17; 28:19-20; Gjoni 14:6-27; 1 Korintasve 8:6; 2 Korintasve 13:14; Galatasit 4:4-6; Efesianët 2:13-18; 1 Gjonit 1:5; 4:8

Neni II
Jezus Krishti

Ne besojmë në Jezus Krishtin, Personin e dytë të Perëndisë Trini, se Ai ishte përjetësisht një me Atin, se Ai u mishërua nga Shpirti i Shenjtë dhe u lind nga Virgjëresha Mari, kështu që dy natyra të plota dhe të përsosura, domethënë, Hyjnia dhe natyra njerëzore, u bashkuan në një Person, Perëndi i vërtetë dhe Njeri i vërtetë, në Perëndinë - Njeri.

Ne besojmë se Jezus Krishti vdiq për mëkatet tona, se Ai me të vërtetë u ngrit nga të vdekurit dhe e mori sërish trupin e Tij, së bashku me të gjitha gjërat që i takojnë përsosmërisë së natyrës së njeriut, me të cilin Ai u ngjit në qiell, ku edhe ndërmjetëson për ne.

Mateu 1:20-25; 16:15-16; Luka 1:26-35; Gjoni 1:1-18; Veprat 2:22-36; Romakëve 8:3, 32-34; Galatasve 4:4-5; Filipianëve 2:5-11; Kolosianëve 1:12-22; 1 Timoteut 6:14-16; Hebrenjve 1:1-5; 7:22-28; 9:24-28; 1 Gjonit 1:1-3; 4:2-3, 15

Neni III
Fryma e Shenjtë

Ne besojmë në Frymën e Shenjtë, Personin e Tretë të Perëndisë Trini, se Ai është i kudondodhur dhe efektivisht aktiv në dhe me Kishën e Krishtit, duke bindur botën për mëkat, duke ripërtërirë ata që pendohen dhe besojnë, duke shenjtëruar besimtarët dhe duke i drejtuar në të gjithë të vërtetën ashtu siç është në Jezusin.

> Gjoni 7:39; 14:15-18, 26; 16:7-15; Veprat 2:33; 15:8-9; Romakëve 8:1-27; Galatasve 3:1-14; 4:6; Efesianëve 3:14-21; I Thesalonikasve 4:7-8; II Thesalonikasve 2:13; I Pjetrit 1:2; I Gjonit 3:24; 4:13

Neni IV
Shkrimet e Shenjta

Ne besojmë në frymëzimin e plotë të Shkrimeve të Shenjta, me të cilat ne kuptojmë 66 librat e Dhjatës së Vjetër dhe të Re, të dhënë me frymëzim hyjnor, që zbulojnë në mënyrë të pagabueshme vullnetin e Perëndisë për ne në të gjitha gjërat e nevojshme për shpëtim, kështu, çdo gjë që nuk përfshihet aty nuk duhet pranuar si një nen besimi.

> Luka 24:44-47; Gjoni 10:35; I Korintasve 15:3-4; II Timoteut 3:15-17; I Pjetrit 1:10-12; II Pjetrit 1:20-21

Neni V
Mëkati origjinal dhe personal

Ne besojmë se mëkati erdhi në botë përmes mosbindjes së prindërve tanë të parë dhe vdekja përmes mëkatit. Ne besojmë se mëkati është dy llojësh: mëkati origjinal ose shthurje (prishje morale), dhe mëkati aktual ose personal.

Ne besojmë se mëkati origjinal ose shthurja, është ajo prishje e natyrës së gjithë pasardhjes së Adamit, me anë të së cilës çdo njeri ka shkuar shumë larg nga drejtësia fillestare, ose nga gjendja e pastër e prindërve tanë të parë në kohën kur u krijuan. Ai kundërshton Perëndinë, është pa jetë shpirtërore dhe i prirur drejt së keqes në mënyrë të vazhdueshme. Ne gjithashtu besojmë se mëkati origjinal vazhdon të ekzistojë në jetën e besimtarit të ripërtërirë, derisa zemra të pastrohet plotësisht përmes pagëzimit me Frymën e Shenjtë.

Ne besojmë se, mëkati origjinal ndryshon nga mëkati aktual në atë që ai përbën një prirje të trashëguar për në mëkatin aktual, për të cilin asnjë nuk është përgjegjës deri në kohën kur zgjidhja e siguruar në mënyrë hyjnore, neglizhohet ose refuzohet.

Ne besojmë se mëkati aktual ose personal është shkelje e vullnetshme e një ligji të njohur të Perëndisë nga një person moralisht i përgjegjshëm. Prandaj nuk duhet ngatërruar me mangësitë e pavullnetshme dhe të pashmangshme, me dobësitë, të metat, gabimet, dështimet ose devijime të tjera nga një standart sjelljeje e përsosur, të cilat janë efekte të mbetura që nga rënia. Megjithatë, këto efekte të pafajshme nuk përfshijnë qëndrime ose reagime në kundërshtim me frymën e Krishtit, të cilat, me të drejtë mund të quheshin mëkate të frymës. Ne besojmë se mëkati personal, është së pari dhe në thelb shkelje e ligjit të dashurisë; dhe në lidhje me Krishtin mëkati mund të përkufizohet si mosbesim.

> Mëkati origjinal: Zanafilla 3; 6:5; Jobi 15:14; Psalmet 51:5; Jeremia 17:9-10; Marku 7:21-23; Romakëve 1:18-25; 5:12-14; 7:1 – 8:9; I Korintasve 3:1-4; Galatasve 5:16-25; I Gjonit 1:7-8

> Mëkati personal: Mateu 22:36-40 [me I Gjonit 3:4]; Gjoni 8:34-36; 16:8-9; Romakëve 3:23; 6:15-23; 8:18-24; 14:23; I Gjonit 1:9 – 2:4; 3:7-10

Neni VI
Shlyerja

Ne besojmë se Jezus Krishti, me anë të vuajtjeve, derdhjes së gjakut dhe me anë të vdekjes në kryq, realizoi një shlyerje të plotë për të gjithë mëkatin njerëzor dhe se kjo shlyerje është baza e vetme për shpëtim, dhe se është e mjaftueshme për çdo individ të racës së Adamit. Shlyerja është e efektshme në një mënyrë plot hir për shpëtimin e atyre që janë të papërgjegjshëm dhe për fëmijët në moshën e pafajësisë, por është e efektshme për shpëtimin e atyre që arrijnë moshën e përgjegjësisë, vetëm kur ata pendohen dhe besojnë.

Isaia 53:5-6, 11; Marku 10:45; Luka 24:46-48; Gjoni 1:29; 3:14-17; Veprat 4:10-12; Romakëve 3:21-26; 4:17-25; 5:6-21; I Korintasve 6:20; II Korintasve 5:14-21; Galatasve 1:3-4; 3:13-14; Kolosianëve 1:19-23; I Timoteut 2:3-6; Titit 2:11-14; Hebrenjve 2:9; 9:11-14; 13:12; I Pjetrit 1:18-21; 2:19-25; I Gjonit 2:1-2

Neni VII
Hiri paraprirës

Ne besojmë se krijimi i racës njerëzore në ngjashmëri me Perëndinë, përfshinte aftësinë për të zgjedhur midis të drejtës dhe të gabuarës, dhe se kështu qëniet njerëzore u bënë të përgjegjshme moralisht; se përmes rënies së Adamit, ata u prishën moralisht aq sa nuk mund të kthehen tani dhe të përgatisin veten me forcat e tyre natyrore dhe me vepra për besim dhe për të kërkuar Perëndinë. Por, ne gjithashtu besojmë, se hiri i Perëndisë përmes Jezus Krishtit, u është dhënë falas të gjithë njerëzve, duke i aftësuar të gjithë ata që dëshirojnë të kthehen nga mëkati tek drejtësia, të besojnë në Jezus Krishtin për faljen dhe pastrimin e mëkateve dhe të vazhdojnë me vepra të mira të pëlqyeshme dhe të pranueshme para syve të Tij.

Ne besojmë se të gjithë individët, ndonëse në zotërim të përvojës së ripërtëritjes dhe të shenjtërimit të plotë, mund të bien nga hiri dhe të tërhiqen nga besimi, dhe në qoftë se ata nuk pendohen për mëkatet e tyre, do të jenë të pashpresë dhe përjetësisht të humbur.

Ngjashmëri me Perëndinë dhe përgjegjësi morale: Zanafilla 1:26-27; 2:16-17; Ligji i Përtërirë 28:1-2; 30:19; Jozueu 24:15; Psalmet 8:3-5; Isaia 1:8-10; Jeremia 31:29-30; Ezekieli 18:1-4; Mikea 6:8; Romakëve 1:19-20; 2:1-16; 14:7-12; Galatasve 6:7-8

Paaftësia natyrale: Jobi 14:4; 15:14; Psalmet 14:1-4; 51:5; Gjoni 3:6; Romakëve 3:10-12; 5:12-14, 20; 7:14-25

Hiri i lirë dhe veprat e besimit: Ezekieli 18:25-26; Gjoni 1:12-13; 3:6; Veprat 5:31; Romakëve 5:6-8, 18; 6:15-16, 23; 10:6-8; 11:22; I Korintasve 2:9-14; 10:1-12; II Korintasve 5:18-19; Galatasve 5:6; Efesianëve 2:8-10; Filipianëve 2:12-13; Kolosianëve 1:21-23; II Timoteut 4:10; Titit 2:11-14; Hebrenjve 2:1-3; 3:12-15; 6:4-6; 10:26-31; Jakobit 2:18-22; II Pjetrit 1:10-11; 2:20-22)

Neni VIII
Pendimi

Ne besojmë se pendimi, i cili është një ndryshim i sinqertë dhe tërësor i mendjes në lidhje me mëkatin, duke përshirë një ndjenjë faji personal dhe një kthim të vullnetshëm prej mëkatit, kërkohet nga të gjithë ata që përmes veprimit apo qëllimit bëhen mëkatarë ndaj Perëndisë. Fryma e Perëndisë u jep të gjithë atyre që pendohen ndihmë për pendesën e zemrës dhe shpresë për mëshirë, kështu që ata të mund të besojnë në faljen dhe jetën shpirtërore.

II Kronikave 7:14; Psalmet 32:5-6; 51:1-17; Isaia 55:6-7; Jeremia 3:12-14; Ezekieli 18:30-32; 33:14-16; Marku 1: 14-15; Luka 3:1-14; 13:1-5; 18:9-14; Veprat 2:38; 3:19; 5:31; 17:30-31; 26:16-18; Romakëve 2:4; II Korintasve 7:8-11; I Thesalonikasve 1:9; II Pjetrit 3:9

Neni IX
Shfajësimi, ripërtëritja dhe birësimi

Ne besojmë se shfajësimi është akti hirplotë dhe juridik i Perëndisë, me anë të të cilit, Ai u jep falje të plotë për të gjitha fajet dhe çlirim të plotë nga dënimi për mëkatet e kryera, si dhe pranim si të drejtë, të gjithë atyre që besojnë në Jezus Krishtin dhe e pranojnë Atë si Zot dhe Shpëtimtar.

Ne besojmë se ripërtëritja, ose lindja e re, është ajo punë e hirshme e Perëndisë, me anë të së cilës natyra morale e besimtarit të penduar ngjallet shpirtërisht dhe i jepet një jetë shpirtërore e veçantë, e aftë për besim, dashuri dhe bindje.

Ne besojmë se birësimi është ai akt i hirshëm i Perëndisë, me anë të të cilit, besimtari i shfajësuar dhe i ripërtërirë, bëhet bir i Perëndisë.

Ne besojmë se shfajësimi, ripërtëritja dhe birësimi ndodhin në të njëjtën kohë në përvojën e atyre që kërkojnë Perëndinë dhe merren duke pasur si kusht besimin, të paraprirë nga pendimi; dhe se Shpirti i Shenjtë jep dëshmi për këtë punë dhe gjendje hiri.

Luka 18:14; Gjoni 1:12-13; 3:3-8; 5:24; Veprat 13:39; Romakëve 1:17; 3:21-26, 28; 4:5-9, 17-25; 5:1, 16-19; 6:4; 7:6; 8:1, 15-17; I Korintasve 1:30; 6:11; II Korintasve 5:17-21; Galatasve 2:16-21; 3:1-14, 26; 4:4-7; Efesianëve 1:6-7; 2:1, 4-5; Filipianëve 3:3-9; Kolosianëve 2:13; Titit 3:4-7; I Pjetrit 1:23; I Gjonit 1:9; 3:1-2, 9; 4:7; 5:1, 9-13, 18

Neni X
Shenjtëria e krishterë dhe Shenjtërimi i plotë

Ne besojmë se shenjtërimi është puna e Perëndisë, që transformon besimtarët në ngjashmëri me Krishtin. Ai realizohet nga Hiri i Perëndisë nëpërmjet Frymës së Shenjtë në shenjtërimin fillestar, apo rigjenerimin (i njëkohshëm me shfajësimin), shenjtërimin e plotë, dhe punën vazhduese perfekte të Frymës së Shenjtë që kulmon në mbushjen me lavdi. Në mbushjen me lavdi ne do të jemi plotësisht të përshtatur imazhit të Birit.

Ne besojmë se shenjtërimi i plotë është ai akt i Perëndisë, që vjen pas ripërtëritjes, me anë të të cilit besimtarët çlirohen nga mëkati origjinal ose shthurja, dhe sillen në një gjendje përkushtimi total ndaj Perëndisë, dhe bindjes së shenjtë të dashurisë të bërë të përsosur.

Ai realizohet me anë të pagëzimit apo mbushjes me Frymën e Shenjtë dhe përfshin në një përvojë, pastrimin e zemrës nga mëkati, si dhe praninë e vazhdueshme përbrenda të Frymës së Shenjtë, duke e fuqizuar besimtarin për të jetuar dhe shërbyer.

Shenjtërimi i plotë sigurohet nga gjaku i Jezusit, ndodh në një moment nga hiri me anë të besimit, paraprihet nga përkushtimi i plotë; dhe Fryma e Shenjtë jep dëshmi për këtë punë dhe gjendje hiri. Kjo përvojë njihet gjithashtu me emra të ndryshëm që përfaqësojnë fazat e ndryshme të saj, të tillë si "përsosmëria e krishterë," "dashuria e përsosur," "pastërtia e zemrës," "pagëzimi apo mbushja me Frymën e Shenjtë," "plotësia e bekimit," dhe "shenjtëria e krishterë."

Ne besojmë se ka një dallim të qartë midis një zemre të pastër dhe një karakteri të pjekur. E para merret në një çast, si rezultat i shenjtërimit të plotë; e fundit është rezultat i rritjes në hir.

Ne besojmë se hiri i shenjtërimit të plotë përfshin shtysën për t'u rritur në hir si një dishepull në ngjashmëri me Krishtin. Megjithatë, kjo shtysë duhet të ushqehet me ndërgjegje dhe vëmendje të kujdesshme ndaj kërkesave dhe proceseve të zhvillimit shpirtëror, dhe përmirësimit në karakter dhe personalitet në ngjashmëri me Krishtin. Pa një orvatje të tillë të qëllimtë, dëshmia e dikujt mund të dëmtohet dhe vetë hiri mund të pengohet dhe përfundimisht të humbasë.

Pjesëmarrja në mjetet e hirit, veçanërisht në miqësi, disiplinë dhe sakramentet e kishës, i rrit besimtarët në hir dhe në zemra të mbushura me dashuri për Zotin dhe të afërmin.

> Jeremia 31:31-34; Ezekieli 36:25-27; Malakia 3:2-3; Mateu 3:11-12; Luka 3:16-17; Gjoni 7:37-39; 14:15-23; 17:6-20; Veprat 1:5; 2:1-4; 15:8-9; Romakëve 6:11-13, 19; 8:1-4, 8-14; 12:1-2; II Korintasve 6:14-7:1; Galatasve 2:20; 5:16-25; Efesianëve 3:14-21; 5:17-18, 25-27; Filipianëve 3:10-15; Kolosianëve 3:1-17; I Thesalonikasve 5:23-24; Hebrenjve 4:9-11; 10:10-17; 12:1-2; 13:12; I Gjonit 1:7, 9
>
> "Përsosmëria e krishterë", "dashuria e përsosur": Ligji i Përtërirë 30:6; Mateu 5:43-48; 22:37-40; Romakëve 12:9-21; 13:8-10; I Korintasve 13; Filipianëve 3:10-15; Hebrenjve 6:1; I Gjonit 4:17-18
>
> "Pastërtia e zemrës": Mateu 5:8; Veprat 15:8-9; I Pjetrit 1:22; I Gjonit 3:3
>
> "Pagëzimi me Frymën e Shenjtë": Jeremia 31:31-34; Ezekieli 36:25-27; Malakia 3:2-3; Mateu 3:11-12; Luka 3:16-17; Veprat 1:5; 2:1-4; 15:8-9
>
> "Plotësia e bekimit": Romakëve 15:29
>
> "Shenjtëria e krishterë": Mateu 5:1 – 7:29; Gjoni 15:1-11; Romakëve 12:1 – 15:3; II Korintasve 7:1; Efesianëve 4:17 – 5:20; Filipanëve 1:9-11; 3:12-15; Kolosianëve 2:20 – 3:17; I Thesalonikasve 3:13; 4:7-8; 5:23; II Timoteut 2:19-22; Hebrenjve 10:19-25; 12:14; 13:20-21; I Pjetrit 1:15-16; II Pjetrit 1:1-11; 3:18; Juda 20-21

Neni XI
Kisha

Ne besojmë në Kishën, komunitetin që rrëfen Jezus Krishtin si Zot, njerëzit e besëlidhjes së Perëndisë të bërë të rinj në Krishtin, dhe trupin e Krishtit, të thirrur së bashku nga Fryma Shenjtë përmes Fjalës.

Perëndia e thërret Kishën ta shprehë jetën e saj në unitetin dhe bashkësinë e Frymës; në adhurim përmes predikimit të Fjalës, mbajtjes së sakramenteve dhe shërbesës në emrin e Tij; me bindje ndaj Krishtit, jetesë të shenjtë dhe me përgjegjësi reciproke.

Misioni i Kishës në botë është të ndajë me të tjerët punën shpenguese dhe pajtuese të Krishtit me fuqinë e Frymës. Kisha e përmbush misionin e saj duke bërë dishepuj nëpërmjet ungjillizimit, edukimit, shprehjes së dhembshurisë, drejtësisë dhe dhënies së dëshmisë drejt mbretërisë së Perëndisë.

Kisha është një realitet historik, e cila është e organizuar në forma të kushtëzuara nga kultura; ajo ekziston si një bashkësi lokale dhe si një trup universal, dhe veçon persona të thirrur nga Perëndia për shërbesa specifike. Perëndia e thërret Kishën të jetojë nën drejtimin e Tij në pritje për përmbushjen që do të ndodhë me ardhjen e Zotit tonë Jezus Krisht.

Eksodi 19:3; Jeremia 31:33; Mateu 8:11; 10:7; 16:13-19, 24; 18:15-20; 28:19-20; Gjoni 17:14-26; 20:21-23; Veprat 1:7-8; 2:32-47; 6:1-2; 13:1; 14:23; Romakëve 2:28-29; 4:16; 10:9-15; 11:13-32; 12:1-8; 15:1-3; I Korintasve 3:5-9; 7:17; 11:1, 17-33; 12:3, 12-31; 14:26-40; II Korintasve 5:11 – 6:1; Galatasve 5:6, 13-14; 6:1-5, 15; Efesianëve 4;1-17; 5:25-27; Filipianëve 2:1-16; I Thesalonikasve 4:1-12; I Timoteut 4;13; Hebrenjve 10:19-25; I Pjetrit 1:1-2, 13; 2:4-12, 21; 4:1-2, 10-11; I Gjonit 4:17; Juda 24; Zbulesa 5:9-10

Neni XII
Pagëzimi

Ne besojmë se pagëzimi i krishterë, i urdhëruar nga Zoti ynë, është një sakrament që duhet t'u zbatohet besimtarëve dhe që nënkupton pranimin e përfitimeve që rrjedhin nga shlyerja e Jezus Krishtit, dhe se ai deklaron besimin në Jezus Krishtin si Shpëtimtarin e tyre dhe dëshirën për bindje në shenjtëri dhe drejtësi.

Pagëzimi, duke qenë një simbol i besëlidhjes së re, mund të zbatohet edhe për fëmijët e vegjël, me kërkesën e prindërve ose kujdestarëve, të cilët japin garanci se këta fëmijë do të marrin edukimin e duhur të krishterë.

Pagëzimi mund të bëhet me spërkatje, derdhje ose zhytje, në përputhje me zgjedhjen e kandidatit.

Mateu 3:1-7; 28:16-20; Veprat 2:37-41; 8:35-39; 10:44-48; 16:29-34; 19:1-6; Romakëve 6:3-4; Galatasve 3:26-28; Kolosianëve 2:12; I Pjetrit 3:18-22

Neni XIII
Darka e Zotit

Ne besojmë se Darka Përkujtimore e Kungimit, e themeluar nga Zoti dhe Shpëtimtari ynë Jezus Krisht, është në thelb një sakrament i Dhjatës së Re, që shpall vdekjen e Tij flijuese, për hir të së cilës besimtarët kanë jetën, shpëtimin dhe premtimin e bekimeve shpirtërore në Krishtin. Veçanërisht, ajo është për ata që janë përgatitur për vlerësimin e thellë të domethënies së saj, me anë të së cilës, ata shpallin vdekjen e Zotit derisa Ai të vijë përsëri. Duke qenë një kremtim bashkësie, vetëm ata që kanë besim në Krishtin dhe dashuri për shenjtorët duhet të thirren që të marrin pjesë.

Eksodi 12:1-14; Mateu 26:26-29; Marku 14:22-25; Luka 22:17-20; Gjoni 6:28-58; I Korintasve 10:14-21; 11:23-32

Neni XIV
Shërimi hyjnor

Ne besojmë në doktrinën e Biblës së shërimit hyjnor dhe i nxisim njerëzit të ofrojnë lutje besimi për shërimin e të sëmurëve. Ne gjithashtu besojmë, se Perëndia shëron përmes mjeteve të shkencës mjekësore.

II Mbretërve 5:1-19; Psalmet 103:1-5; Mateu 4:23-24; 9:18-35; Gjoni 4:46-54; Veprat 5:12-16; 9:32-42; 14:8-15; I Korintasve 12:4-11; II Korintasve 12:7-10; Jakobit 5:13-16

Neni XV
Ardhja e Dytë e Krishtit

Ne besojmë se Zoti Jezus Krisht do të vijë përsëri; se ne që jemi gjallë në ardhjen e Tij nuk do të jemi përpara atyre që kanë fjetur në Krishtin Jezus; por në qoftë se ne jemi në Të, do të merremi së bashku me shenjtorët e ringjallur, për t'u takuar me Zotin në ajër, dhe kështu do të jemi përherë bashkë me Zotin.

Mateu 25:31-46; Gjoni 14:1-3; Veprat 1:9-11; Filipianëve 3:20-21; I Thesalonikasve 4:13-18; Titit 2:11-14; Hebrenjve 9:26-28; II Pjetrit 3:3-15; Zbulesa 1:7-8; 22:7-20

Neni XVI
Ringjallja, gjykimi dhe fati i përjetshëm

Ne besojmë në ringjalljen e të vdekurve, se trupat e të drejtëve dhe të padrejtëve do të ringjallen në jetë dhe do të bashkohen me shpirtrat e tyre—"ata që kanë bërë të mirën në ringjalljen e jetës; dhe ata që kanë bërë të keqen, në ringjalljen e dënimit."

Ne besojmë në gjykimin e ardhshëm, në të cilin çdo person do të dalë para Perëndisë për t'u gjykuar sipas veprave të tij ose të saj në këtë jetë.

Ne besojmë se jeta e lavdishme dhe e përjetshme është siguruar për ata që i kanë besuar për shpëtim, dhe me bindje ndjekin Jezus Krishtin, Zotin tonë; dhe se të papenduarët përfundimisht do të vuajnë përjetësisht në ferr.

Zanafilla 18:25; I Samuelit 2:10; Psalmet 50:6; Isaia 26:19; Danieli 12:2-3; Mateu 25:31-46; Marku 9:43-48; Luka 16:19-31; 20:27-38; Gjoni 3:16-18; 5:25-29; 11:21-27; Veprat 17:30-31; Romakëve 2:1-16; 14:7-12; I Korintasve 15:12-58; II Korintasve 5:10; II Thesalonikasve 1:5-10; Zbulesa 20:11-15; 22:1-15

EKLEZIOLOGJIA

Ne jemi pjesë e Kishës së Krishterë.

Fjala "Kishë" është ndonjëherë pak e vështirë për t'u kuptuar. Për shkak se ne e përdorim fjalën në shumë mënyra të ndryshme, është mirë të japim një përkufizim më të saktë të saj. Kjo është quajtur "ekleziologji" që do të thotë "të studiuarit e kishës".

Pikë së pari, Kisha e Nazaretasit e identifikoi veten e saj me atë që Bibla e quan "njerëzit e Perëndisë". Më specifikisht, ne jemi pjesë e kishës "së vetme, të shenjtë, universale dhe apostolike". Kjo shprehje vjen nga një kredo e lashtë, ku të krishterët në mbarë botën dhe përgjatë gjithë historisë, e kanë pranuar atë. Secila nga katër fjalët e përdorura në shprehje përshkruan një aspekt të rëndësishëm të "kishës".

Ne jemi pagëzuar në "Kishën e Krishtit", dhe jo në Kishën e Nazaretasit. Pagëzimi ynë është një veprim sa personal, aq edhe i përbashkët, në të cilin ne shohim punën e Hirit të Perëndisë: Hiri i Tij paraprirës, - që do të thotë, që Perëndia ishte duke punuar në jetët tona, madje edhe më parë se ne ta njihnim atë - si dhe Hiri i Tij shpëtues.

Shërbyesit tanë shugurohen në "Kishën e Perëndisë"[1] dhe jo në Kishën e Nazaretasit. Si rrjedhojë, kongregacionet tona nazaretase janë shprehje konkrete të "kishës universale" që është një shprehje që ne përdorim për të përshkruar mbledhjen e të gjithë besimtarëve kudo dhe gjatë gjithë historisë.

---

[1] Këto fjalë janë brendashkruar në kredencialet e shugurimit të çdo shërbyesi.

Në pohojmë Shkrimin në lidhje me shenjtërinë e Perëndisë dhe shenjtërinë e kishës së Tij. Perëndia e zgjodhi kishën si një instrument të hirit të Tij hyjnor dhe e solli atë në ekzistencë përmes Frymës së Shenjtë. Fryma e Shenjtë është forca-jetësore e Kishës, dhe është në trupin e gjallë të Krishtit në botë. Kisha e krishterë dëshmon të vërtetën, që adhurimi i Perëndisë është i vetmi fokus i vërtetë i jetës njerëzore. Si rrjedhojë, i thërret mëkatarët që të pendohen dhe të ndryshojnë jetën e tyre. Ushqen të jetuarin në mënyrë të shenjtë përmes një jetë kongregacionale të pasur, si dhe i thërret besimtarët për një jetë të shenjtë, që do të thotë në ngjashmëri me Krishtin. Në shenjtërinë dhe besnikërinë e saj, kisha i shfaq botës mbretërinë e Perëndisë. Në kuptimin e vërtetë të fjalës, kisha është matësi i mesazhit të saj.

Ne jemi në përputhje me misionin e Perëndisë.

Perëndia formoi një univers me përmasa të pamasa. Brenda natyrës dhe përgjatë historisë, Ai krijoi një popull që do të mbante imazhin hyjnor, në mënyrë të tillë që dashuria hyjnore të mund të lulëzojë. Misioni i Tij në botë ishte i pari dhe misioni ynë buron prej Tij. Kur mëkati gjymtoi krijimin, u zbulua natyra shpenguese e misionit. Është "restaurimi i të gjithë krijimit sipas qëllimeve të Perëndisë për krijimin"[2]. Restaurimi i njerëzimit është një pjesë themelore e misionit të Perëndisë.

John Wesley (Xhon Uesli) e përkufizoi këtë restaurim si shenjtërim. Në fjalët e tij, gjendet "ripërtëritja e shpirtit tonë në shëmbëllturën e Perëndisë," të cilën ai e karakterizon si "drejtësi dhe shenjtëri e vërtetë"[3]. Misioni i Perëndisë është pasqyruar në thirrjen e Abrahamit, të cilën ai zgjodhi ta bekojë në mënyrë të tillë, që pasardhësit e Abrahamit të ishin një "bekim për të gjithë kombet" (Zanafilla 12:1-3). U manifestua në historinë e Hebrenjve që u bënë dëshmitarë të të vetmit Perëndi, emrin e të cilit ata e shpallën tek të gjithë kombet në tokë.

Të krishterët e përjetojnë Perëndinë si një Trini të Shenjtë - tre persona në një - duke zbuluar veten plotësisht në Jezus Krishtin Zotin tonë. Fryma e Shenjtë na fton që të marrim pjesë në misionin e Perëndisë, duke na pajisur me fuqinë

---

[2] Roger L. Hahn, "The Mission of God in Jesus' Teaching on the Kingdom of God," in Keith Schwanz and Joseph Coleson, eds., *Missio Dei: A Wesleyan Understanding* (2011), 58.
[3] John Wesley, *Sermons, Volume II* (1902), p. 373; John Wesley, *A Plain Account of Christian Perfection,* in J. A. Wood, *Christian Perfection as Taught by John Wesley* (1885), 211.

e duhur. Kisha bëhet pjesë e besëlidhjes që Perëndia fillimisht e lidhi me Abrahamin. Për shkak të jetës së saj të shenjtëruar, kisha vazhdon të jetë një bekim në të gjithë kombet.

Ne i bashkohemi të krishterëve të tjerë në misionin e Perëndisë, duke i qëndruar besnik vizionit tonë për një emërtesë ndërkombëtare dhe duke i'u përmbajtur një mënyre specifike të jetesës. Megjithatë, kufijtë e kombeve nuk përcaktojnë kufijtë e kishës, përderisa Krishti e ka hapur atë për të gjithë kombet dhe rracat.

Të shërbyerit si Krishti në botë.

Baza e shërbesës së krishterë është mandati biblik për të dëshmuar dashurinë e Perëndisë - dashuri që shihet qartësisht në personin e Krishtit. Besimtarët e pohojnë këtë shërbesë kur pagëzohen. Atje, ata shpallin qëllimin e tyre që janë dishepuj të Krishtit me një dëshmi publike. Dishepullizimi besnik është një shenjë e jashtme e hirit të brendshëm të Perëndisë në ne. Pra, ajo është një shenjë e hirit hyjnor që vepron, në një botë që "Perëndia aq shumë e deshi" (Gjoni 3:16). Si gjymtyrë të trupit të Krishtit, të gjithë besimtarët janë të pajisur për këtë shërbesë. Disa janë thirrur për udhëheqje të specializuar në kishë dhe kisha i shuguron ata si shërbyes apostolikë. Domethënë, kisha i njeh ata si udhëheqës që vazhdojnë punën e nisur nga apostujt. Thirrja e tyre është rrënjosur thellë në përvojën e tyre personale me Perëndinë.

Së bashku, klerikët (ata që kanë qënë shuguruar si shërbyes) dhe joklerikët (të gjithë besimtarët e tjerë) dallojnë dhe pohojnë praninë e dhuntive dhe hireve tek anëtarët e trupit të Krishtit. Pikë së pari kjo ndodh në kishën lokale. Më pas, në asamblenë distriktuale - një ndodhi vjetore ku kishat mblidhen për të mbështetur njëra-tjetrën dhe emërtesën - ata zgjedhin personat që do të shugurohen si shërbyes. Dhjakët janë ata persona, të cilët janë thirrur dhe shuguruar si shërbyes në shërbesa, ku predikimi dhe sakramentet nuk janë përgjegjësitë e tyre kryesore. Pleqtë shugurohen për të formuar trupin e Krishtit përmes predikimit të ungjillit, administrimit të sakramenteve, rritjes shpirtërore të njerëzve në adhurim si dhe vendosjes së rendit në jetën e kongregacionit.

Mbikqyrësit zgjidhen nga asambletë e përbëra nga klerikë dhe joklerikë, për të shërbyer si zyrtarë në nivel distriktual ose të përgjithshëm. Mbikqyrësit distriktualë orientojnë udhëheqjen e tyre pastorale dhe shpirtërore tek kishat, anëtarët e kishave dhe klerikët në juridiksionin e tyre. Mbikqyrësit e përgjithshëm kryejnë shërbesa apostolike dhe pastorale për të gjithë emërtesën, duke ruajtur unitetin e kishës në doktrinë dhe shenjtëri. Ata e modelojnë jetën e Krishtit përmes mendimit dhe veprimit të përbashkët, dhe paraqesin një vizion, pjesë e të cilit, bëhet e gjithë kisha.

Këndvështrimi i tyre duhet të ketë karakter ndërkombëtar. Është përgjegjësia e tyre të artikulojnë vizionin dhe nevojat për burime, për pjesë të ndryshme të trupit të Krishtit, të marrin pjesë në ndarjen e burimeve për zonat më në nevojë të shërbesës tonë botërore dhe të unifikojnë misionin dhe mesazhin e kishës. Përmes shugurimit të shërbyesve në asambletë distriktuale të ndryshme, apo mënyrave të tjera, ata ruajnë unitetin e emërtesës nga shumëllojshmëritë e mëdha të natyrës kombëtare, ekonomike, raciale dhe gjuhësore.

POLITIKAT

Nazaretasit gjithmonë e kanë pasur të qartë se ata janë vetëm një shprehje e kishës universale. Ne i përmbahemi tezës se Shkrimi nuk jep ndonjë model specifik të qeverisjes së kishës, dhe se politika jonë e qeverisjes mund të formësohet përmes dhënies së pëlqimit të përbashkët, me kusht, që ato për të cilat biem dakort të mos bien në kundërshtim me Shkrimin. Për shkak të kësaj ne besojmë që qëllimi dhe misioni ynë duhet t'i japin formë strukturës tonë. (Për më shumë informacione, shikoni "Deklaratën Historike" që gjendet tek *Kisha e Nazaretasit: Kushtetuta dhe Qeverimi*).

Kisha e Nazaretasit përqafoi një version demokratik të mënyrës historike të organizimit të kishës (të quajtur "politika Metodiste Episkopale"). Ne u dhamë më shumë zë klerikëve dhe joklerikëve dhe vendosëm kufizime për kompetencat zyrtare të peshkopit, përmes zgjedhjes së "mbikqyrësve".

Më poshtë do të gjeni elementët bazë të qeverisjes Nazaretase.

- Ne kemi tre nivele qeverisjeje:
- Asambleja e Përgjithshme, zgjedh mbikqyrësit e përgjithshëm që drejtojnë shërbimin në përgjithësi të emërtesës dhe ushtrojnë juridiksionin e tyre mbi të gjithë kishën. Ata shërbejnë në periudhën midis

një asambleje të përgjithshme dhe asaj pasardhëse dhe mund të rizgjidhen përsëri në çdo asamble. Çdo mbikqyrësi të përgjithshëm i jepet një listë me distrikte dhe është përgjegjësia e tij të mbledhë asambletë distriktuale dhe të shugurojë shërbyesit e rinj brenda zonës së tij apo saj të përgjegjësisë. Numri i mbikqyrësve të përgjithshëm ka variuar me kalimin e kohës, por që nga viti 1960 ai ka mbetur në gjashtë. Së bashku, ata formojnë Këshillin e Mbikqyrësve të Përgjithshëm, i cili takohet disa herë në vit.

- Asambleja e Përgjithshme zgjedh një Bord të Përgjithshëm të përbërë nga një numër i barabartë personash joklerikë dhe klerikë. Ai takohet çdo vit për të zgjedhur zyrtarët e përgjithshëm të kishës dhe drejtuesit e departamenteve. Ai, gjithashtu rishikon politikat, buxhetet dhe veprimet e shërbyesve të përgjithshëm të kishës.

- Kishat e një zone të caktuar janë të grupuara në distrikte dhe drejtohen nga mbikqyrësi distriktual. Kisha e distriktit është e organizuar për qëllime misionare dhe takohet një herë në vit në Asamblenë Distriktuale. Asambleja Distriktuale zgjedh mbikqyrësin distriktual, përgjegjësia e së cilit, është të ushqejë frymërisht kishat dhe pastorët, të mbjellë kisha të reja dhe të mbajë gjallë në mënyrë të shëndetshme distriktin.

- Kishat zgjedhin pastorët e tyre në këshillim dhe me aprovim të mbikqyrësit të distriktit. Ato menaxhojnë financat e tyre dhe çështjet e tjera operacionale.

- Distriktet Nazaretase janë të organizuar në rajone në botë. Për momentin janë 6 rajone: Rajoni i Afrikës, Rajoni Azi-Paqësor, Rajoni Euro-Azisë, Rajoni Amerikë Qendrore, Rajoni i Amerikës së Jugut dhe Rajoni i ShBA-Kanadasë). Rajonet botërore janë strukturuar në mënyrë të tillë, që të përçojnë misionin e kishës në botë. Ato nuk janë pjesë e strukturës qeverisëse.

- Ndërtesat e kishës dhe shtëpia e famulltarit (pastorit) janë pronë e distriktit, por janë dhënë në mirëbesim për përdorim të kongregacionit.

- Gratë dhe burrat mund të shërbejnë njëlloj në të gjitha zyrat e kishës - klerikë dhe joklerikë.

- Dokumentat tanë të rëndësishëm si struktura e qeverisjes dhe politikat janë përmbledhur së bashku në *Kisha e Nazaretasit: Kushtetuta dhe Qeverimi*. Ndryshimet përkatëse në të bëhen në Asamblenë e Përgjithshme.

KISHA

Kisha Lokale

Kisha e Nazaretasit dëshiron që të gjithë njerëzit të përjetojnë hirin transformues të Perëndisë, nëpërmjet faljes së mëkateve dhe pastrimit të zemrës në Jezus Krishtit, përmes Frymës së Shenjtë.

Misioni ynë i parë dhe kryesor është "Të bëjmë dishepuj si Krishti në kombet". Ne besojmë që kjo do të thotë që besimtarët e rinj të përfshihen në miqësi dhe anëtarësi (bashkësi) në kishat lokale, ku ata do të pajisen (mësohen) për t'i shërbyer Krishtit.

Qëllimi përfundimtar i bashkësisë së besimit është që të paraqesë çdo njeri të përsosur në Krishtin (Kolosianët 1:28) ditën e fundit.

Është kisha lokale vendi ku ndodh shpëtimi, përsosja, mësimi dhe urdhërimi i besimtarëve. Kisha lokale, Trupi i Krishtit, është përfaqësimi i besimit dhe misionit tonë.

Kisha Distriktuale

Për qëllime administrative, ne i grupojmë kishat lokale në distrikte dhe rajone.

Një distrikt është një organizim kishash lokale të ndërvarura. Ata janë organizuar në mënyrë të tillë, për të lehtësuar misionin e çdo kishe lokale, nëpërmjet mbështetjes së përbashkët, të ndarit të burimeve, dhe bashkëpunimit.

Mbikqyrësi distriktual, mbikqyr një distrikt të caktuar, së bashku me Bordin Këshillues Distriktual.

Kisha e përgjithshme

Baza e unitetit në Kishën e Nazaretasit janë ato besime, politika, përkufizime dhe procedura, të cilat gjenden në *Kisha e Nazaretasit: Kushtetuta dhe Qeverimi.*

Thelbi i këtij uniteti është përshkruar tek Nenet e Besimit. Ne inkurajojmë të gjitha kishat, në të gjitha rajonet dhe në të gjitha gjuhët, që t'i përkthejnë dhe shpërndajnë gjerësisht, si dhe t'ua mësojnë këto besime njerëzve tanë. Ky është filli i artë që end qenien tonë, për atë çfarë jemi dhe çfarë bëjmë.

Një reflektim i parë i këtij uniteti, paraqitet në Asamblenë e Përgjithshme, që është "autoriteti më i lartë në formulimin e doktrinës, në përgatitjen e ligjeve dhe në zgjedhje në Kishën e Nazaretasit." *(Kisha e Nazaretasit: Kushtetuta dhe Qeverimi, 300)*

Një reflektim i dytë ka të bëjë me Këshillin e Përgjithshëm Ndërkombëtar, i cili përfaqëson të tërë kishën.

Një reflektim i tretë është Këshilli i Mbikqyrësve të Përgjithshëm, i cili mund të interpretojë *Kisha e Nazaretasit: Kushtetuta dhe Qeverimi,* të aprovojë përshtatje kulturore si dhe të shugurojë njerëz për shërbim.

Qeverisja e Kishës së Nazaretasit është përfaqësuese, duke shmangur në këtë mënyrë si peshkopësinë e skajshme, ashtu edhe kongregacionalizmin e skajshëm, pra, duke vendosur një balancë midis të dyjave.

Kisha është më shumë se sa e lidhur. Është e ndërlidhur. Lidhjet që na bashkojnë ne janë më të forta sesa një litar i vetëm që mund të këputet në çdo kohë.

Cili është burimi i bashkimit tonë? Është Jezus Krishti.

NJË KISHË E BASHKUAR

Kisha e Nazaretasit është një rrjet i mirëlidhur njerëzish dhe kishash që fokusohen në doktrinën e shenjtërisë. Nuk është një përkatësi e dobët e kishave të pavarura, as një emërtesë që përfaqëson thjesht një shoqatë të kishave që kanë të përbashkët një numër tezash besimi pa lidhje të vërtetë organike.

Kisha është e bashkuar joapologjetikisht.

Me këtë gjë ne kuptojmë që ne jemi një trup i ndërvarur kishash lokale të organizuara në distrikte, në mënyrë që të përmbushim misionin tonë të përbashkët "Të bëjmë dishepuj si Krishti në kombet". Përkushtimi ka të bëjë me llogaridhënien ndaj njëri-tjetrit për hir të misionit dhe për të ruajtur integritetin e besimeve tona të përbashkëta.

Si një kishë e lidhur ne:

- Ndajmë besimet.
- Ndajmë vlerat.
- Ndajmë misionin.
- Ndajmë përgjegjësitë.

Ndarja e përgjegjësive përfshin bashkëpunim financiar. Çdo kongregacion dhuron për Fondin e Ungjillizimit Botëror si dhe për oferta të tjera të veçanta për misionin.

Që nga fillimi, Nazaretasit kanë qenë duke bërë dishepuj si Krishti në kombet, përmes shërbesës globale. Zonat, të cilat po arrihen për Krishtin, po vazhdojnë të zgjerohen dhe të rriten. Ndërkohë që ju luteni dhe jepni me bujari, ju bashkoheni me të tjerët për të bërë më shumë se sa ju mund të bënit vetëm. Çdo ofertë e dhënë në kishën lokale, ka një qëllim në financim të misionit.

Kisha e Nazaretasit i mbahet parimit të sakrificës së barabartë, jo të dhënies të barabartë. Ky është një koncept biblik, dhe është thelbësor për kishën globale, pavarësisht zhvillimit ekonomik të kishave lokale.

Fondi i Ungjillizimit Botëror është plani i financimit të emërtesës. Shpeshherë, ju mund të dëgjoni fjalën "Financim të Misionit". Ky është një term më i gjerë sesa Fondi i Ungjillizimit Botëror. Është përdorur për të njohur mënyrat e ndryshme, përmes të cilave misioni është financuar në pjesë të ndryshme të botës.

Mbështetja e misionit dhe shërbesave të kishës është aktive dhe e mirëorganizuar në të gjithë rajonet e Misionit Global. Financimi i misionit ka një domethënie të madhe për kishën në këndvështrimin e dhënies për të tjerët.

Nëse analizojmë fondet totale të dhëna në rang global, mesatarisht 86.1 përqind është përdorur për shërbesat në kishat tuaja lokale. Shërbesat e distriktit përdorin rreth 4.5 përqind të fondit. Kolegjet tuaja Nazaretase i edukojnë dhe dishepullizojnë studentët me rreth 1.8 përqind të fondit. Në këtë mënyrë 7.6 përqind e fondeve nga kisha juaj, shkojnë tek Fondi i Ungjillizimit Botëror për misionarët, shërbesat globale, dhe ofertat e veçanta për misione të tjera të miratuara.

Siç e shikoni dhurimet tuaja mbulojnë trajnime, dishepullizime, dhe sjelljen e Lajmit të Mirë pranë fëmijëve, të rinjve, dhe të rriturve. Kur ju jepni, ju bashkoheni me Nazaretasit në një kishë të lidhur; ju doni njerëzit që janë me zemër të thyer, arrini shpirtrat e humbur përqark botës, dhe bëni dishepuj si Krishti në kombet.

Fondi i Ungjillizimit Botëror, fondet e veçanta, dhe fondi një dollar i misionit - janë të gjitha pjesë të përgjegjësisë së kontributeve të përbashkëta - dhe mundësojnë kishën që të dërgojë misionarë, të trajnojë drejtues vendas, dhe të sigurojë edukatorë për ungjillizimin, dishepullizimin, si dhe të mësojë brezin e ardhshëm të Nazaretasve.

I Krishterë. Shenjtërimi. Misionare.

Ne jemi duke dëshmuar përmbushjen e vizionit nga mbikqyrësi ynë i parë i përgjithshëm, Phineas F. Bresee (Fineas F. Brezi). Ai foli që në fillim për një "panoramë hyjnore" të Kishës së Nazaretasit, që qarkon globin me "shpëtim dhe shenjtëri ndaj Zotit".

Çdo nazaretas, kudo që ai apo ajo ndodhet në botë, merr pjesë në një realitet më të gjerë të këtij vizioni.

Çdo jetë e transformuar është një dëshmi për mësimin e Shenjtërisë - Uesliane të shpëtimit të plotë për të gjithë.

Misioni i kishës "Të bëjmë dishepuj si Krishti në kombet" na kujton që na është dhënë një detyrë shpirtërore, dhe në të njëjtën kohë ne duhet të jemi administratorë të mirë të të gjitha burimeve të siguruara nga Perëndia.

Misioni vjen nga Perëndia, që do të thotë që qëllimi ynë vjen nga një rend më i lartë, të bërë të mundur nga Fryma e Shenjtë që banon brenda nesh.

Ndërkohë që ne nderojmë "trashëgiminë e perëndishme," kisha nuk mund të kthehet mbrapa - as nuk mund të qëndrojë aty ku është. Si ndjekës të Jezus Krishtit, ne duhet të ecim përpara drejt qytetit "arkitekti dhe ndërtuesi i të cilit është Perëndia" (Hebrenjtë 11:10).

Vini re, Perëndia po bën gjithçka të re!

www.ingramcontent.com/pod-product-compliance
Lightning Source LLC
Chambersburg PA
CBHW061342040426
42444CB00011B/3042